차별은
세상을
병들게 해요

일러두기
본문에 인용한 제목은 산문의 경우 겹꺾쇠(《 》), 영화, 만화, 시는 홑꺾쇠(〈 〉), 통계는 낫표(「 」)를 써서 표기했습니다.

차별은 세상을 병들게 해요

초판 1쇄 발행 2018년 9월 21일
초판 5쇄 발행 2021년 12월 6일

글 오승현
그림 백두리

펴낸곳 도서출판 개암나무(주)
펴낸이 김보경
경영관리 총괄 김수현   **경영관리** 배정은
편집 조원선 서진   **디자인** 김효정   **마케팅** 신종연
출판등록 2006년 6월 16일 제22-2944호

주소 서울특별시 용산구 한남대로40길 19, 4층(한남동, JD빌딩) (우)04417
전화 (02)6254-0601, 6207-0603   **팩스** (02)6254-0602   **E-mail** gaeam@gaeamnamu.co.kr
개암나무 블로그 http://blog.naver.com/gaeamnamu   **개암나무 카페** http://cafe.naver.com/gaeam

ⓒ 오승현, 2018
이 책의 저작권은 저자에게 있습니다. 저자와 출판사의 허락 없이 내용의 일부를 인용하거나 발췌하는 것을 금합니다.

ISBN 978-89-6830-483-5 73330

이 도서의 국립중앙도서관 출판시도서목록(CIP)은 서지정보유통지원시스템 홈페이지(http://seoji.nl.go.kr)와 국가자료공동목록시스템(http://www.nl.go.kr/kolisnet)에서 이용하실 수 있습니다.
(CIP제어번호: CIP2018026418)

품명 아동 도서 | **제조년월** 2021년 12월 6일 | **사용연령** 11세 이상
제조자명 개암나무(주)   **제조국명** 대한민국   **전화번호** 02-6254-0601
주소 서울특별시 용산구 한남대로40길 19, 4층(한남동, JD빌딩)

차별은
세상을
병들게 해요

오승현 글 ☆ 백두리 그림

엄마가
들려주는
평등과 인권
이야기

개암나무

| 차 례 |

가정에서 일어나는 차별

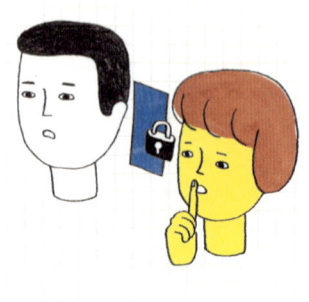

| 어린이 무시 | 넌 몰라도 돼! … 8

| 성별 고정 관념 | 남자는 파란색, 여자는 분홍색? … 15

| 사생활 간섭과 침해 | 애 하나 더 낳아야지? … 23

| 가사 분담의 불평등 | 여보, 내가 도와줄게! … 30

생각 더하기 집안일과 가전제품 … 37

학교에서 일어나는 차별

| 외모 차별 | 못생기고 뚱뚱한 친구는 싫어! … 42

| 경제력 차별 | 너, 어디 살아? … 51

| 비정상 가정이라는 편견 | 계모라서 그래 … 59

| 집단 따돌림, 폭력의 악순환 | 걔는 왕따당할 만해! … 67

생각 더하기 민주주의와 다양성 … 73

사회에서 일어나는 차별

| 여성 차별 | 여대생, 여배우, 여의사, 여직원, 여선생 … 78

| 노동 차별 | 비정규직 주제에 … 86

| 청소년 노동에 대한 차별 | 어린놈이 무슨 근로 계약서야! … 94

| 혐오 표현 | 맘충, 급식충, 틀딱충, 알바충 … 102

`생각 더하기` 한국 사회에서 여성으로 살아가기 … 111

사회 밖으로 내던져진 존재에 대한 차별

| 동성애 억압 | 사랑은 여자랑 남자만? … 116

| 장애인 이동권 | 장애인은 돌아다니면 안 되나? … 124

| 난민에 대한 편견과 차별 | 난민을 왜 받아들여야 하지? … 132

| 공장식 축산의 문제 | 동물에게도 권리가 있을까? … 140

`생각 더하기` 혐오가 난무하는 사회 … 149

가정에서 일어나는 차별

| 어린이 무시 | **넌 몰라도 돼!**

| 성별 고정 관념 | **남자는 파란색, 여자는 분홍색?**

| 사생활 간섭과 침해 | **애 하나 더 낳아야지?**

| 가사 분담의 불평등 | **여보, 내가 도와줄게!**

생각 더하기_집안일과 가전제품

'원래 그래'가 아니라 '있는 그대로',
'여자답게'나 '남자답게'가 아니라
'자기답게' 혹은 '인간답게',
이것이 우리에게 필요한 자세란다.

넌 몰라도 돼!

여울아, 안녕!

생일이나 크리스마스에 짤막한 카드를 쓴 적은 몇 번 있지만, 이렇게 긴 편지를 쓰는 건 처음이구나. 요즘은 편지가 참 귀한 시대지? 엄마가 어렸을 때만 해도 곧잘 편지를 주고받았는데.

요즘 네가 친구들과 보내는 시간이 부쩍 늘고 엄마도 학교 일로 많이 바쁘다 보니 우리 사이에 대화가 많이 줄었지? 그래서 고민하다가 이렇게 편지를 쓰게 됐단다. 학교든 식당이든 지하철이든 어디에서건 틈틈이 써 볼 생각이야. 그럼 예전처럼 많은 이야기를 나눌 수 있지 않을까?

여울아, 혹시 청소년 자녀를 둔 부모가 자녀에게 가장 듣기 싫어하는 말이 뭔지 아니? "엄마(아빠)는 몰라도 돼", "엄마(아빠)가 뭘 알아?" 래. 이 이야기를 왜 하느냐고? 엊그제 네가 겨울이한테 비슷한 말을 하더구나. "넌 몰라도 돼"라고. 한편으로 네가 그런 말을 할 정도로

컸구나 싶어 대견하기도 했어. 하지만 이내 어디서 그런 말을 배웠을까 하는 의문이 들었지. 엄마랑 아빠는 너를 키우면서 그런 말을 거의 쓰지 않은 것 같은데……

그런데 돌이켜 보니까 학교 일이나 집안일 때문에 너무 힘들어서 가끔 그런 말을 했더구나. 엄마가 본보기를 보이지 못해 네게 미안한 마음이 들더라. 그래도 엄마랑 아빠는 너희에게 뭐든 솔직하게 얘기하려고 늘 노력했단다. 너희들이 정말 알 필요가 없는 일은 몰라도 되는 이유를 설명해 주었고, 엄마도 잘 모르는 일은 솔직하게 모른다고 얘기했지. 그리고 너희와 함께 인터넷이나 백과사전을 찾아보았던 것 같은데. 이것도 엄마의 착각인가?

부모들은 바쁘거나 귀찮아서, 또는 어떻게 답해야 할지 몰라서 "몰라도 돼", "크면 알게 돼"라고 퉁명스럽게 대답할 때가 많아. 특히 아기가 어떻게 생기느냐는 질문처럼 대답하기 곤란한 질문을 받았을 때 부모들은 흔히 이렇게 말하지. "아직 몰라도 돼!", "나중에 크면 알게 돼.", "어린 녀석이 뭘 벌써 알려고 그래?"라고.

대개의 부모들은 어린 자녀가 임신과 출산 등 성에 대한 생각이 온전히 확립되지 않은 상태에서 그릇된 행동을 할까 봐 염려해서 이런 말을 해. 모르면 문제가 일어나지 않을 거라고 생각해서 꼭꼭 숨기는 거야. 어쩌면 자녀에게 성교육을 하는 게 서툴고 어색해서 꺼리는지도 몰라.

 정말 어린이는 성에 대해서 모르는 게 좋을까? 엄마는 그렇지 않다고 봐. 성교육이 어느 정도는 필요하지. 아기가 어떻게 생기고 태어나는지 정확히 배우거나 자기 몸에 대해 제대로 아는 것은 단순히 성에 관한 지식을 얻는 것 이상의 의미가 있거든. 성숙한 인격체가 되는 데 도움이 되지. 자녀를 진심으로 위한다면, 정확한 정보를 줄 필요가 있어. 그래야 오히려 실수나 잘못을 저지르지 않을 거야.
 미국은 우리와 비슷하게 10대의 성을 금기시하고 억압하지만, 프랑스는 성교육을 적극적으로 하고 있어. 성교육의 핵심은 피임이지. 그 결과 프랑스는 미국에 비해 10대의 임신율이 2배가량 낮아. 피임법(임신을 피하기 위해 쓰는 방법)을 정확히 알려 주고 콘돔 같은 피임 도구

를 쉽게 구할 수 있는 사회일수록 10대 임신율이 낮지. 작년부터 엄마가 너한테 피임법을 설명해 주는 이유도 그 때문이야.

무조건 모르는 게 최선이라는 생각 속에는 자녀를 미숙한 존재로만 보는 시선이 자리하고 있어. 미숙하니까 제대로 된 판단을 할 수 없고 따라서 나쁜 영향을 끼칠 가능성이 있는 것은 아예 배제해 버리는 거지. 완벽하게 배제하고 숨길 수 있다면야 그것도 하나의 방법이 될 수 있겠지만 문제는 그렇게 할 수 없다는 거야. 오히려 다른 경로를 통해 왜곡된 정보를 받아들일 우려가 크지. 차라리 그럴 바에야 부모가 올바른 정보를 정확히 알려 주는 게 낫지 않을까? 정말로 자녀가 알 필요가 없어서 '몰라도 돼'라고 말하는 거라면, 그 이유를 명확히 말해 줘야 해. 나이가 어려서 이해하기 어렵다면, 이해할 수 있는 부분까지 설명해 주고, 판단력이 좀 더 생기면 그때 다시 이야기하자고 해도 충분해. 부모의 잣대로 '알려 줘도 모를 거야', '알려 줘도 도움이 안 돼'라고 지레 판단하지 말고.

성교육에도 차별이 있다고?

2015년 교육부가 내놓은 《학교 성교육 표준안》에는 성에 대한 편견과 차별이 여과 없이 드러나 있어. 남성은 성에 대한 욕망이 때와 장소에 관계없이 충동적으로 나타난다(초등학교 1~2학년 표준안), 이성 친구와 단둘이 있는 상황을 만들지 않는다(초등학교 3~4학년 교사 지도안), 여성은 외모를 가꾸고 남성은 경제력을 높여야 한다(초등 5~6학년 표준안). 교육 당국부터 성교육에 대한 관점을 바로 세울 필요가 있음을 알 수 있지.

그리고 정말 모르는 내용이라면 '솔직히 엄마도 모르겠구나. 같이 한번 알아볼까?'라고 말하면 돼. 모르는 게 부끄러운 일은 아니니까. 알려고 하지 않는 것이 문제지 모르는 것 자체는 문제가 아니야. 여울이 너도 혹여나 모르는 게 부끄러워서 질문을 머뭇거리게 될 때면 엄마가 한 말을 떠올려 보렴.

이번에는 반대로 생각해 볼까? 여울이는 '나는 아직 어리니까 아무것도 몰라. 엄마 아빠가 다 알아서 해 주겠지.' 하고 생각한 적 있니? "넌 몰라도 돼" 같은 말을 자주 들을수록 위축되기 마련이지. 스스로 생각하고 의견을 말하는 걸 주저하게 되고. 여울이가 엄마나 아빠보다 나이가 어린 건 맞지만, 그렇다고 생각을 하지 못하는 건 아니야. 엄마랑 아빠가, 혹은 네 스스로가 생각하는 것보다 넌 훨씬 똑똑한 사람이란다. 단지 생각을 펼칠 기회가 적어서 잘 몰랐을 뿐이지. 그건 겨울이도 마찬가지일 거야. 겨울이가 너보다 어리지만, 누나만큼 생각할 줄 알지.

여울아, 수학 문제가 잘 풀리지 않을 때 자꾸 문제집 뒤쪽에 실린 해설을 들춰 보게 되지? 해설을 보면 금방 풀리니까. 그런데 자꾸 해설을 보는 습관이 들면 문제 해결력이 자라지 않아. 궁금한 마음을 꾹 참고 어떻게든 스스로 고민해서 문제를 풀면, 설사 정답을 맞히지 못했더라도 그 과정에서 생각하는 힘이 자라난단다. 그게 수학을 잘하는 요령이지. 무엇이든 그와 마찬가지야. 학교 공부든 사회 문제든 스스로 생각하려고 노력해야 해.

그러다 보면 엄마 아빠의 생각과 네 생각이 다른 경우도 종종 생길 거야. 그럴 때는 어떻게 해야 할까? 무조건 우기고 고집을 부리면 될까? 그때는 네 생각을 조리 있게 전달해서 엄마, 아빠를 설득해야 해. 그게 잘 안 되면 포기할 줄도 알아야 하고. 포기하기 싫으면 어떻게 설득할지 더욱더 고민해야겠지.

〈원피스〉라는 만화 알지? 이 만화에는 수많은 능력자가 등장해. '고무고무 열매'를 먹고 온몸이 마구 늘어나는 캐릭터도 있고, '흔들흔들

열매를 먹고 지진을 일으키는 캐릭터도 있어. 열매를 먹는다고 무조건 능력이 생기는 건 아니야. 숨은 능력을 발휘하기 위해 끊임없이 시도하고 노력해야 하지. 생각하고 행동하는 능력도 다르지 않단다. 생각은 할수록 깊어지고 행동은 할수록 능숙해져.

스스로 판단하고 행동하다 보면 그 과정에서 실수와 잘못을 하기도 해. 그런데 아이든 어른이든 사람은 누구나 실수와 잘못을 통해 배운단다. 여울아, 작은 실수와 잘못을 하며 차근차근 배워 나가야 나중에 큰 실수와 잘못을 하지 않는 법이야. 성숙은 실수를 먹고 자라는 나무와 같아. 명심하렴, 넌 몰라도 되는 존재가 아니라, 알아야 하는 존재, 그리고 스스로 깨닫고 행동할 수 있는 존재라는 것을.

남자는 파란색, 여자는 분홍색?

 지난 주말 세상에 나올 준비를 하는 사촌 동생 선물을 사려고 백화점에 갔잖아? 너랑 겨울이가 아주 신나서 난리도 아니었지. 너희가 고른 아기 옷을 좋아하는 고모의 모습을 보니 엄마까지 덩달아 흐뭇하더구나. 그런데 그날 엄마는 조금 놀랐단다. 딸이라고 하니 무조건 분홍색 옷만 고르던 너희 모습을 보고 말이야.

 사실 너희만 그런 것도 아니지. 출산을 앞둔 예비 부모들도 대부분 자녀의 성별에 따라 유아 용품의 색깔을 결정해. 보통 여자아이에게는 분홍색 계열의 옷을, 남자아이에게는 파란색 계열의 옷을 입히지. 옷뿐 아니라 장난감을 비롯한 다른 물건들도 마찬가지야. 한마디로 말해서 여자아이에게는 분홍의 세계가, 남자아이에게는 파랑의 세계가 기다리는 셈이지.

 만일 성별을 알 수 없게끔 노란색 옷을 입히면 어떨까? 이탈리아의 한 병원에서 이와 관련된 실험을 했어. 아기들에게 성별에 상관없이 모두 노란색 옷을 입혔지. 가장 먼저 당황한 사람들은 보모들이었어. 노란색 옷을 입은 아기를 어떻게 대할지 갈피를 잡지 못했지. 갓 태어난 아기조차 성별에 따라 다르게 대해 왔기 때문이야.

만화에서도 이 같은 고정 관념을 흔히 볼 수 있어. 여울이도 잘 아는 〈뽀로로〉에서 남자 캐릭터인 뽀로로는 파란색, 크롱은 연두색, 에디는 노란색, 포비는 하얀색, 해리는 자주색, 통통이는 살구색으로 색깔이 다양하지. 반면 여자 캐릭터인 루피는 분홍색, 패티는 보라색이야. 〈로보카 폴리〉에서도 남자 캐릭터인 폴리는 파란색, 헬리는 초록색, 로이는 빨간색인데, 여자 캐릭터인 엠버는 어김없이 분홍색이지.

색깔보다 성 역할에 대한 고정 관념이 더 심각해. 남자 캐릭터는 언제나 씩씩하고 용감하지. 힘셈, 듬직함, 정의감, 사고뭉치 등 활달하고 적극적인 이미지야. 반면 여자 캐릭터는 상냥하고 배려심 넘치는 애교쟁이로 나와. 약함, 귀여움, 겁쟁이 등 내성적이고 소극적인 이미지로 한정되지.

장난감에는 성별이 없다

색깔에 성별이 없듯이 장난감에도 성별이 없어. 그런데 사람들은 가르치지 않아도 여자아이는 인형과 주방 놀이 세트를 좋아하고 남자아이는 로봇과 자동차를 좋아한다고 생각하지. 그러나 사실상 3살 이전에는 특정 장난감에 대한 선호가 전혀 나타나지 않아. 자신이 여자인지 남자인지 인식하고 성 정체성을 확립해 가는 3~5세부터 사회의 기대에 맞춰 행동한다는 것이 신경 과학자들의 공통된 연구 결과란다. 특정 장난감에 대한 선호도 그즈음부터 나타나지.

만화뿐 아니라 동화, 방송, 교과서 등에서도 성 역할에 대한 고정관념을 쉽게 찾을 수 있어. 예쁘고 얌전한 공주가 백마 탄 왕자를 만나 오래오래 행복하게 살았다는 동화는 흔하지. 방송도 다르지 않아. 한 예능 프로그램에서 남자 가수가 음식물 쓰레기를 직접 내다 버린다고 하자 다른 출연자가 '의외의 여성성이 있다'고 말하지. 또 요리와 꽃꽂이를 하는 여성 출연자가 등장하자 '오늘 신부 수업 같지 않니?'라는 자막이 버젓이 나와. 음식물 쓰레기 버리기, 요리, 꽃꽂이 등은 여자가 할 일이라고 생각하게끔 말이야. 한국 양성평등 교육 진흥원이 2017년 조사한 내용에 따르면, 조사 대상인 33편의 예능·오락 프

로그램에서 32건, 22편의 드라마에서는 19건의 성차별 내용이 나왔어. 거의 전부라고 해도 과언이 아니지.

교과서는 어떨까? 초등학교 사회 교과서에는 옛날과 오늘날의 가사 노동을 비교하는 내용이 나와. 총 5명의 인물이 등장하는데 모두 여성이야. 가사 노동은 시대를 막론하고 여성의 일이라는 편견을 심어 줄 만하지. 현재는 2015 개정 교육과정인데, 6차 교육과정(1992~1997)까지도 기술·공업 과목은 남학생들만 배우고, 가정·가사 과목은 여학생들만 배웠어. 만화, 방송, 교과서 등은 현실을 반영하니, 그만큼 우리 사회에 성 역할에 대한 고정 관념이 만연해 있다고 볼 수 있어. 마치 벗어나기 힘든 '족쇄'처럼 말이야.

성 역할에 대한 고정 관념은 가정에서부터 비롯하지. 가장 먼저 엄마와 아빠의 역할이 구분되지. 그런데 엄마의 역할은 아빠의 역할보다 더 크고 다양해. 가사, 육아, 자녀 교육 등과 관련된 일들이 거의 다 엄마의 몫이지. 전업주부는 물론이고 맞벌이를 하는 여성조차 마찬가지야. 그런가 하면 가족들의 대화 중에도 특정한 성 역할을 강요하는 말들이 많아. 가령 "오빠 밥 좀 챙겨 줘라"나 "누나니까 설거지해라" 등이 그래. 오빠는 혼자서 밥도 차려 먹지 못하고, 남동생은 설거지하면 손에 쥐라도 날까?

요즘도 이따금 들리는 말 중에 '칠칠치 못하게', '그런 일로 울어?'가 있어. 단정하지 못하다는 뜻의 '칠칠치 못하게'라는 말과 '그런 일로 울어?'라는 말 앞에 어떤 주어가 놓일지 생각해 봐. 일반적으로 '칠칠치 못하게' 앞에는 '여자애'가, '그런 일로 울어?' 앞에는 '사내 녀석'이 오지. 이런 말들은 여성에게 여성답다고 일컬어지는 태도를, 남성에게 남성답다고 일컬어지는 태도를 요구해.

특히 명절은 여자들이 가정에서 자신의 지위가 전근대 사회(근대화 이전의 사회)보다 더 나아지지 않았음을 뼈저리게 느끼게 하는 시간이야. 명절 때 우리 집을 생각해 봐. 음식 준비는 언제나 여자들 몫이잖아. 남자들만 바깥일을 하는 것도 아닌데 말이야. 전업주부인 큰엄마를 제외하고 엄마와 숙모들은 전부 맞벌이를 하잖아. 물론 남자들도 전을 부치고 밤도 까지만, 음식 장만부터 식사 준비, 설거지 등 대부분의 일은 엄마를 비롯한 여자들이 도맡아 하지.

21세기 우리나라의 상황이 얌전한 공주와 용감한 왕자가 나오는 옛날 동화와 같지는 않을 거야. 이제 많은 부모들이 특정한 성 역할을 강요하기보다 자녀의 개성을 북돋워 주려고 노력하지. 그러나 과거에

호칭에도 차별이?

명절 때 친·인척을 부르는 호칭에도 문제가 있어. 시부모(남편의 부모)가 사는 집은 시댁이라고 부르지만, 아내의 부모가 사는 집은 처가(妻家: 아내의 집)라고 불러. 시부모가 사는 집만 높여 부르는 거지. 또 남편의 형제는 아주버님, 도련님, 아가씨라고 높여 부르지만, 아내의 형제는 처형, 처남, 처제라고 낮춰 불러. '도련님', '아가씨'는 옛날에 하인이 상전을 높여 부르던 호칭이란다.

비해 나아졌을 뿐, 성 역할에 대한 뿌리 깊은 고정 관념이 완전히 사라진 건 아니야. 평소에 고정된 성 역할을 강요하지 않는 부모들조차 아주 미묘하게 성 역할에 대한 고정 관념을 드러낼 때가 있어. 식사 준비를 거드는 일은 딸에게, 짐을 나르는 일은 아들에게 시키는 식으로 말이야.

활달하지 않은 아들은 걱정해도, 뛰어노는 걸 싫어하는 딸은 별로 걱정하지 않아. 남자아이가 동작이 크고 힘차면 자연스럽게 여기고, 여자아이가 그러면 부자연스럽다고 생각하기도 하지. "여자애 방이 이게 뭐니?"라고 대놓고 말하지는 않지만, 몸이든 옷이든 방이든 아들보다 딸에게 더욱 청결을 요구하기도 해. "남자는 울면 안 돼!"라고 대놓고 말하지 않아도, 넘어지거나 다쳤을 때 울음을 참는 남자아이에게 "멋지다, 씩씩하다"며 칭찬하는 것도 비슷한 예지. 딸에게도 똑같이 칭찬한다면 문제 없지만, 그렇지 않다면 '남자는 울면 안 된다'는 고정 관념을 교묘하게 비틀어 전하는 것과 다를 바 없어.

어때? 성 역할에 대한 고정 관념이 많이 사라진 것처럼 보이지만, 실제로는 그렇지 않지?

2017년 여성 가족부가 발표한 「제1차 양성평등 실태 조사」에 따르면, '남자는 약한 모습을 보이면 안 된다'는 문항에 남성 47.3%, 여성 33.2%가 동의했어.

아들은 씩씩하고 딸은 얌전해야 할까? 아들이 발레를 하고 딸이 태권도를 하면 이상한가? 흔히 여성성으로 분류되는 특징만을 지니거나 반대로 남성성으로 여겨지는 특징만을 지닌 사람은 어디에도 없어. 누구나 얼마간의 여성성과 남성성을 동시에 가지고 있지. 단지 사람마다 비중이 다를 뿐이야. 혹시 양성성에 관해서 들어 본 적 있어? 한 인간에게 남성과 여성의 특징이 비슷하게 존재하는 상태를 뜻한단다. 여러 연구에서 양성성을 지닌 사람이 지능이 높고 대인 관계도 좋다는 결과가 나왔어. 과도한 남성성, 여성성이 아니라 균형 잡힌 양성성이 좋다는 의미야.

여성 용품 브랜드 '올웨이즈'에서 제작한 '라이크 어 걸(Like A Girl)'

이라는 광고가 있어. 2015 칸 국제광고제 PR 부문 그랑프리를 수상한 광고인데, 성인 여자와 남자아이에게 "여자답게 달려 보라"고 주문하자 다들 엇비슷한 자세를 취했어. 위 팔은 몸에 붙이고 아래 팔만 힘없이 흔들면서 달렸지. 그런데 흥미롭게도 10대 미만의 여자아이들에게 같은 요구를 하자 전혀 다른 반응을 보였어. 아이들은 힘차게 발을 구르며 최대한 빨리 달리려고 했단다. 한 아이에게 그렇게 달린 이유를 묻자, "여자답게 달려 보라"는 말을 '최대한 빨리 달려라'라는 뜻으로 이해했다고 답했어. 그 아이에게 '여자답게'란 그저 자기답게의 또 다른 말이었던 거야.

여성성과 남성성은 생물학적 본질이 아니라 사회적 정체성이야. 즉 사회가 남녀에게 기대하고 부여하는 특정한 성향이지. '남자는 원래 그래', '여자는 원래 그래' 같은 말들도 마찬가지야. '여자답게'가 없듯이 '원래 그래'도 없어. "여자는 애교가 있어야 한다", "남자는 키가 커야 한다" 등의 성 고정 관념에서 벗어나 사람을 '있는 그대로' 바라봐야 해. '원래 그래'가 아니라 '있는 그대로', '여자답게'나 '남자답게'가 아니라 '자기답게' 혹은 '인간답게'. 이것이 우리에게 필요한 자세란다.

애 하나 더 낳아야지?

여울아, 이번 명절은 어땠어? 돌아오는 차에서 보니까 네 얼굴이 조금 어두워 보이던데. 친척 어른들이 순 공부 얘기만 해서 마음이 좋지 않았지? 반갑고 즐거워야 할 명절이 너한테 갈수록 부담만 되는 것 같아 걱정이구나.

사람들은 남의 일에 참견하기를 참 좋아하는 것 같아, 그렇지? 네가 아주 어렸을 때, 그러니까 유모차를 타고 다닐 때 지나가던 사람들이 생긋거리는 널 보며 예뻐했지. 개중에는 나이가 지긋한 어르신들도 많았어. 그런데 그분들은 하나같이 엄마한테 애가 몇이냐고 묻고는 하나라고 하면, "아들 하나 더 낳아야지"라고 했단다. 엄마 생각에 그 말은 두 가지 문제가 있어.

첫째로, 아들. 그분들은 오랫동안 남자가 여자보다 더 대우받는 세상에서 사셨어. 그때는 딸이 아닌 아들이 부모의 부양(생활 능력이 없는 사람의 생활을 돌봄)을 도맡았거든. 딸은 시집가면 친정에 잘 오지도 못했지. 그런 세월을 오래 산 탓에 자식 하면 아들이라는 생각이 뼛속까지 박혀 있어. 엄마도 외동딸로 자라면서 그런 말을 많이 들었어.

엄마가 외동딸로 자라면서 줄곧 들은 말이 있어. 10살 전까지는 "엄마한테 남동생 낳아 달라고 해", 그 뒤로는 "너희 집은 아들이 없으니 네가 아들 몫까지 해야 해"라는 말이었지. 지금 생각해도 잘 이해가 가지 않아. 자식의 도리에 아들의 몫과 딸의 몫이 따로 있을까?

둘째로, 간섭. 애를 하나 더 낳는다고 그분들이 엄마한테 도움을 줄 것도 아니잖아? 열 달을 대신 임신해 줄 것도, 아이를 대신 낳아 줄 것도, 고되고 벅찬 육아를 대신 책임져 줄 것도, 양육비를 대 줄 것도 아니지. 그렇다면 생판 모르는 사람한테 '하나 더 낳아야지'라고 말하는 이유가 도대체 뭘까? 어쩌면 단순한 인사치레일지도 몰라. 하지만 나쁜 마음이 없다 해도, 그런 인사치레는 남의 사생활을 침해하는 행동이 될 수 있어.

'지옥으로 가는 길은 선의로 포장되어 있다'는 서양 속담이 있단다. 좋은 뜻으로 한 말이라고 해서 무조건 좋은 건 아니라는 뜻이야. 나쁜 의도가 없더라도 상대방을 곤란하게 만든다면 그건 무례한 말이지. '오지랖'이라는 말 들어 봤니? 쓸데없이 남의 일에 참견할 때 '오지랖이 넓다'고 하잖아. 남의 사생활에는 웬만하면 오지랖을 삼가야 해. 가까운 친척이라도 예외일 수 없지.

 여울아, 친척들은 어쩌면 앞으로 더욱 곤란한 걸 묻고 참견할지도 몰라. 명절에 어른들이 가장 즐기는 게임이 바로 품평(좋고 나쁨을 평함)이거든. 품평의 대상은 대체로 자기보다 어린 사람들이지. 네가 가장 많이 듣게 될 말은 "공부는 잘하니?"일 거야. 이번 명절에도 귀에 못이 박이게 들었잖아. 어떤 어른들은 대놓고 "반에서 몇 등하니?", "영어, 수학은 몇 점이야?"라고 물을지도 몰라. 사실, 우리 집안만 그런 것도 아니란다. 어느 집안이나 아이들의 성적과 등수는 가족 모임에서 빠지지 않는 화젯거리지.

 애정 어린 관심일까? 어른들에게는 그게 관심의 표현일 수 있지만 젊은 세대에게는 간섭으로 느껴져 세대 갈등이 불거져. 어쩌면 공부와 관련된 질문이나 훈계는 관심의 표현이라기보다 무관심의 증거가 아닐까? 서로에게 진짜 관심이 있다면, 평소에 자주 대화하는 사이라면 그런 걸 굳이 물을 필요가 없을 테니까.

상대방에게 정말로 관심이 있다면 다른 걸 물어야 하지 않을까? 요즘 관심 가는 게 무엇인지, 좋아하는 건 뭔지, 학교 생활은 어떤지, 최근에 어떤 책을 읽었는지, 운동은 열심히 하는지, 어떤 악기를 다룰 줄 아는지 등에 대해서 말이야. 할 말이 없으면 "언제나 응원한다"는 한마디면 충분해.

꿈을 물을 때도 조심할 필요가 있어. 꿈을 응원하고 북돋워 주지는 못할 망정, "꿈이 더 커야지", "여자가 경찰이 되겠다고?", "사내 녀석이 간호사가 뭐니?"처럼 꿈을 무시하고 짓밟는 말을 해서는 안 되지.

가장 심각한 오지랖은 비교야. 비교는 자존감에 지우기 힘든 상처를 입히거든. "서울대 간 사촌 ○○ 반만 닮아 봐라", "큰집 ○○는

사람됨보다 조건이 우선?

사실 친척만의 문제가 아니야. 부모도 다르지 않아. "그 친구, 공부는 잘해?", "부모님은 뭐하시니?", "집은 잘사는 편이야?" 이런 질문들은 질문의 모양새를 하고 있지만 사실은 똑똑하고 부유한 친구를 사귀라는 요구에 가까워. 됨됨이보다 조건을 더 중요하게 생각하라는 요구이기도 하고. 자녀가 올바르게 성장하기를 바란다면, 부모의 가치관부터 바로 세워야 하지 않을까?

수학 경시 대회에서 금상을 탔다는데 너는 어떠니?" 어른들의 오지랖은 여기서 끝나지 않아. 학업(공부는 잘해?)과 진학(대학은 어디 붙었어?)에서 시작해 취업(졸업하면 뭐할 거야?, 좋은 데 취직해야지?), 수입(월급은 많이 줘?, 돈은 잘 벌어?), 승진(아직도 대리야? 언제 승진하니?), 연애(애인은 있어?), 결혼(결혼은 언제 할 거야?), 출산(아이는 안 가져?, 얼른 둘째 가져야지), 자녀 문제(애들은 공부 잘해?)에 이르기까지 그야말로 평생을 따라다닌다고 할 수 있지.

삶의 단계마다 주문처럼 반복되는 말이 있어. 바로 '남들 다 하는'이야. "남들 다 가는 대학을 왜 안 가?", "남들 다 하는 결혼을 왜 안 해?"처럼 남들처럼 해야만 잘사는 거라고 믿지. 누구는 장학금을 받았다더라, 누구는 어디 취직했다더라, 누구는 연봉이 얼마라더라, 누구는 어디로 이사 했다더라, 누구 애는 공부를 잘한다더라……. 남들이 하는 것을 다 할 수도, 다 할 필요도 없겠지만 다 하려고 들다가 오히려 자기 자신을 잃어버릴지도 몰라.

그렇다면 반대로 어른들에게 대답하기 곤란한 질문을 하면 어떨까? "연봉이 얼마나 돼요?", "집값은 많이 올랐죠?", "아드님이 용돈은 많이 주죠?", "노후 대비는 잘하고 계시죠?", "이번에 승진하셨어요? 임원까지 하셔야죠?", 인터넷에 떠도는 '명절 잔소리 대처법'의 일부야. 내가 대답하기 어렵고 기분 나쁜 질문이라면 상대방도 그렇게 느끼기 마련이야. '역지사지'라고 처지를 바꾸어 생각해 보면 답은 나오지.

여울아, 어른들에게 예의 바르게 대해야 한다고 배웠지? 그런데 그게 어른들의 말과 행동을 무조건 참고 수긍해야 한다는 뜻은 아니란다. 우리는 아주 어릴 때부터 부모님, 웃어른, 선생님, 직장 상사와 같은 다양한 권위*에 복종하도록 배워 왔어. 흔히 효(孝)나 예절(禮節)의 이름으로 말이야. 그런데 그건 아랫사람이 윗사람에게 지켜야 하는 일방적인 규범에 불과해.

우리의 예의에는 그 반대가 잘 성립하지 않아. 어른이 아이에게, 부모가 자식에게, 선생이 학생에게, 선배가 후배에게, 사장이 직원에게

권위 남을 지휘하거나 통솔하여 따르게 하는 힘.

예의를 지키는 일은 드물지. 사회적으로 높은 지위에 있는 사람이 낮은 지위의 사람에게는 예의를 지키지 않거든. 나이를 앞세워 함부로 반말이나 욕설을 하는 경우도 종종 볼 수 있어. 이런 예절은 평등하지도, 공평하지도 않지. 물론 '예의'의 본뜻에도 맞지 않고. 예의란 사람이 지켜야 할 도리와 의리인데, 그것은 나이나 권력, 지위 등에 좌우되는 것이 아니거든. 누구나 공평하게 지켜야 하지.

여울아, 우리에게 필요한 건 상하 복종이 아니라 상호 존중이란다. 서로 삶의 방식을 존중하는 태도가 필요하지. 그래야 일방적인 대화가 아니라 진심 어린 대화를 할 수 있어.

엄마 얘기가 좀 어려웠으려나? 그래도 이 이야기에 네 기분이 조금이나마 풀렸으면 좋겠구나. 여울아, 살아가면서 더 많은 말들이 너를 아프게 할지도 몰라. 그때마다 좌절하고 상처받을 게 아니라 너를 있는 그대로 인정하고 존중해 달라고 말해 보는 건 어떨까? 그건 네가 누려야 할 당연한 권리란다.

여보, 내가 도와줄게!

　여울이랑 겨울이 듣는 데서는 되도록 아빠랑 티격태격하지 않으려고 하는데, 오늘도 말다툼을 하고 말았네. 그래도 엄마랑 아빠가 잠들기 전에 그날 일을 다 푼다는 거 알지? 그러니 너무 걱정하지 마.

　엄마 아빠가 왜 다퉜는지 얘기해 줄까? 예전에 엄마가 네게 읽어 줬던 《돼지책》 기억나니? 초등학교 2학년 때까지 엄마가 침대맡에서 종종 책을 읽어 줬잖아. 그때 읽어 줬던 책 중 하나야. 너는 눈치채지 못했겠지만, 읽으면서 엄마가 더 깊이 빠져들었던 책이지.

　네가 기억을 떠올릴 수 있도록 짤막하게 줄거리를 이야기해 줄게. 《돼지책》에는 네 명의 인물이 나와. '아주 중요한 회사'에 다니는 아빠와 '아주 중요한 학교'에 다니는 두 아들, 그리고 엄마지. 아빠와 아들들은 아주 중요한 일을 하기 때문에 집에서는 아무것도 하지 않아. 늘 입만 크게 벌린 채 무언가를 요구할 뿐이지. 모든 집안일은 오로지 엄마의 몫이야. 어느 날 분노에 찬 엄마가 이렇게 말해. "너희들은 돼지야."

　엄마는 《돼지책》을 읽으면서 주인공 피곳 부인에게 깊이 공감했단다. 아빠가 예전에 비해 엄마를 많이 도와주지만, 그래도 지치고 힘들 때가 있거든. 아빠랑 똑같이 일하고 집에 돌아와서는 집안일에, 너희 뒤치다꺼리에 몸이 열 개라도 모자라. 그런 날이면 아빠랑 아옹다옹하기 마련이야.

　방금 엄마가 '도와준다'고 표현했지? 남자들에게 집안일은 '돕다'의 울타리를 벗어나지 못하는 것 같아. 국어사전에서 '도와주다'를 찾아보면 '남을 위하여 애써 주다'라고 되어 있어. 그렇다면 집안일은 원래 엄마가 할 일인데, 아빠가 엄마를 위해 좀 애써 주는 일일까? 다시 말해서 가사나 육아는 엄마의 몫이고, 아빠는 그저 거들면 되는 걸까? 아니지, 모든 집안일은 부부의 공동 책임이야. 아빠가 너희를 돌보는 건 엄마의 일을 돕는 게 아니라 당연히 해야 할 일을 하는 거야.

　엄마가 자료를 좀 찾아봤는데, 통계청이 발표한 「2016 일·가정 양립 지표」에 따르면 2014년에 배우자가 있는 남성의 하루 평균 가사 노동 시간은 50분, 여성은 4시간 19분이었어. 여성이 5배가량 많았지. 여성이 전업주부인 경우 아니냐고? 좋아, 그러면 맞벌이 부부의 가사 노동 시간도 살펴보자. 다른 조사에 따르면 맞벌이 부부의 하루 가사 노동 시간은 남성이 41분, 여성이 3시간 13분이야. 여성이 남성보다 5배나 더 많이 가사 노동을 하지.(2015년, 통계청·한국 보건 사회 연구원 조사)

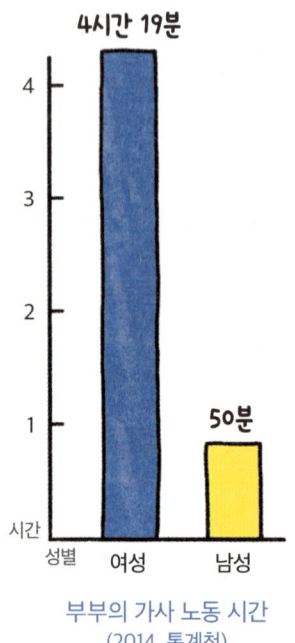
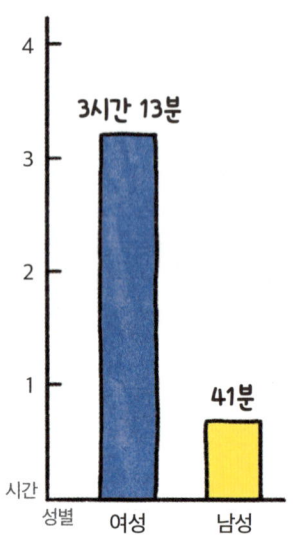

부부의 가사 노동 시간
(2014, 통계청)

맞벌이 부부의 가사 노동 시간
(2015, 통계청, 한국 보건 사회 연구원)

　신기하게도 맞벌이를 하든 안 하든 가사 노동의 몫은 언제나 여성이 남성의 5배야. 이런 차이는 지난 10여 년간 거의 변함이 없었단다. 서울연구원이 발표한 다른 조사에 따르면, 맞벌이를 하는 가구 중 아내와 남편이 집안일을 공평하게 나눠서 한다는 응답은 18.9%에 불과했어. 아내가 주로 하고 남편이 약간 돕는다는 응답은 62.1%에 달했지. 우리나라 맞벌이 부부 중 남편의 가사 노동 시간은 중국이나 인도보다 더 낮은 편이야.
　집안일은 왜 엄마의 몫이어야 할까? 맞벌이 부부의 경우조차 여성의 가사 부담이 더 큰 이유는 뭘까?

남편이 아내를 가리키는 말 중에 '집사람'이란 말이 있어. 이 말은 여자의 활동 공간을 '집'으로 한정하지. 가정주부, 안사람, 안식구, 안주인, 내자(內子) 등도 같은 말이야. 여기서 가정과 안, 내(內)는 모두 '집 안'을 가리켜. 아내라는 말도 원래는 '안해'라는 말에서 왔는데, 안해의 '안'도 '집 안'을 뜻하지. 반면에 아내가 남편을 가리킬 때는 '바깥양반'이라는 말을 써. 남편이 할 일은 바깥일이라는 뜻이겠지. 바깥일은 집 밖에서 하는 경제·사회 활동을 뜻해. 바깥주인, 바깥어른 등도 비슷한 의미지.

이렇게 호칭부터 남자는 바깥일, 즉 경제 활동을 하는 사람, 여자

는 집안일, 그러니까 살림을 꾸리고 아이를 돌보는 사람으로 못 박고 있어. 나이 지긋한 어르신들이 자주 쓰는 말 중에 "남자가 부엌에 들어가면 안 된다", "여자가 감히 바깥일에 참견하다니" 같은 말에도 이런 편견이 고스란히 녹아 있지.

혹시 여울이는 우리나라의 출산율이 낮다는 사실을 알고 있니? 우리나라는 30년 넘게 매우 낮은 출산율을 이어 오고 있단다. 지금과 같은 저출산이 계속된다면 2750년경에 인구 감소로 인해 나라가 사라질지도 모른다고 해. 출산율이 이 정도로 낮은 이유가 뭘까? 경제 여건 등 여러 이유가 있겠지만, 가사와 육아를 여성이 도맡는 문화도 이유 중 하나란다. 여성이 모든 육아 부담을 떠안다 보니 여성 입장에서는 되도록 아이를 낳지 않거나 낳더라도 최대한 적게 낳으려고 하지.

솔직히 말하면, 지금까지 엄마랑 아빠는 집안일을 두고 아주 많이 부딪쳤단다. 네가 태어나기 전부터 그랬는데, 네가 태어나고 나서 갈등이 더 커졌어. 글쎄, 어느 날 너희 아빠가 그러더라. 자기는 애를 낳으면 저절로 크는 줄 알았다나? 그런 생각을 하니까, 육아나 가사를 뒷전으로 여길 수밖에 없지.

엄마도 처음에는 네 아빠한테 많은 걸 요구했는데, 지금은 포기한 것도 있고, 오히려 이해하게 된 부분도 있어. 아빠 입장에서 생각해 보니 그게 꼭 아빠의 잘못만은 아니더구나. 집안일을 하지 않고 너희를 돌보지 않은 건 아빠의 잘못이지만, 아빠 입장에서는 좀 억울한 면도 있겠더라고. 남자가 집안일을 하지 않는 데에는 개인의 문제도 있지만, 사회 구조의 문제가 분명히 있지. 우리 사회에서 남성은 육아 휴직을 자유롭게 쓰지 못할 뿐더러 야근(밤늦게까지 하는 근무)과 회식에 시달리거든. 노동 시간도 길단다. 우리나라는 경제협력개발기구(OECD) 회원국 중 두 번째로 노동 시간이 길지. 2016년 기준으로, 한국 노동자의 평균 노동 시간은 2069시간이야. OECD 평균(1764시간)보다 305시간이나 길지. 중세 시대, 유럽의 농노보다 더 오래 일하는 거야. 농노는 연간 1620시간가량 일했다고 해. 영국의 역사학자 E. P. 톰슨은 17~18세기 영국 농민의 생활을 연구하면서 연간 노동 일수가 180일 안팎이었음을 밝혀냈어.

젊은 부부들은 점점 바뀌고 있지만, 예전에 할머니들은 "사내자식이 부엌 들락거리면 고추 떨어진다"고 하면서 남성의 부엌 출입을 엄격하게 막았어. 남성이든 여성이든 어릴 때부터 집안일을 거들고, 자

육아 휴직은 그림의 떡?

육아 휴직은 만 8세 또는 초등학교 2학년 이하의 자녀를 양육하기 위해 신청하는 휴직이야. 2017년 9월 기준, 육아 휴직을 한 남성은 전체 육아 휴직자 6만 7658명 중 8388명으로 12.4%였어.(고용노동부) 과거에 비해 육아 휴직을 신청하는 남성들이 늘고 있는 건 사실이야. 그러나 여전히 한 달 이상 육아 휴직을 사용하는 남성은 드물어. 10명 중 1명만 한 달 이상을 사용하고 나머지는 그보다 일찍 일터로 복귀한단다.

기 방 청소, 식사 준비(음식 만드는 일은 어렵겠지만, 밥상 차리기, 그릇 정리 등은 할 수 있겠지?) 등을 해야 해. 그러려면 무엇보다도 가정과 사회의 인식이 바뀌어야겠지.

 지금도 여울이랑 겨울이가 스스로 자기 방 청소를 하면서 엄마의 수고를 덜어 주지만, 앞으로는 식사 준비 등도 함께 거들었으면 해. 특히 겨울이에게 좀 더 많은 일을 시켜 보려고. 어릴 때부터 집안일이 엄마 또는 여자만의 일이 아니라 가족 모두의 일이라는 사실을 알려 주려면 말이야.

생각 더하기

집안일과 가전제품

인간은 다른 동물보다 힘이 약해. 사자만큼 턱이 강하지도, 코뿔소처럼 덩치가 크지도, 치타만큼 발이 빠르지도 않거든. 대신 다른 동물에 비해 두뇌가 뛰어나서 자신보다 강하고 힘센 동물도 무서워하지 않아. 더 나아가 자기보다 덩치 큰 동물을 부리기까지 했지. 그러다 200여 년 전, 동물보다 더 좋은 노예를 찾았어. 바로 기계야. 기계는 동물처럼 다루기에 까다롭지 않고, 잠을 자지도, 지치지도 않았어. 24시간 내내 일을 시킬 수 있었지.

밭을 갈고 짐을 나르는 노동이 인간에게서 동물로 옮겨 간 뒤에도 빨래, 청소, 설거지 등 가사 노동은 여전히 인간의 몫이었어. 정확히는 여성의 몫이었지. 기계가 등장하면서는 세탁기, 진공청소기, 식기세척기 등 온갖 가전제품이 가사 노동을 거들게 됐어. 그런데 참 이상하지? 기계들이 가사 노동을 분담하는데도 여성의 가사 노동은 여전히 술어늘지 않고 있으니 말이야.

정말로 빨래는 세탁기가, 밥은 전기밥솥이, 청소는 진공청소기가 하는 걸까? 가전제품 덕에 가사 노동이 과거보다 훨씬 수월해진 건

분명해. 그러나 사람의 손길이 필요 없어졌다는 의미는 아니야. 최근 엄마가 뼈아프게 읽은 소설 《82년생 김지영》에 이런 문장이 나와. "더러운 옷들이 스스로 세탁기에 걸어 들어가 물과 세제를 뒤집어쓰고, 세탁이 끝나면 다시 걸어 나와 건조대에 올라가지 않아요. 청소기가 물걸레 들고 다니면서 닦고 빨고 널지도 않고요." 이 문장으로 어느 정도 설명이 되지? 가전제품이 여성을 가사 노동에서 완전히 해방했다고 보기 어렵다는 점 말이야.

가전제품은 오히려 가사 노동을 더 가중한 측면이 있어. 가사 노동의 빈도를 높였거든. 쉽게 말해, 더 자주 가사 노동을 하게 만든 거야. 예를 들어 세탁기가 없던 시절에는 옷을 며칠 또는 몇 주씩 입는 경우도 허다했어. 빨래를 방망이로 두들겨 빠는 일이 너무 고됐거든. 그런데 세탁기가 생기면서 빨래하기가 간편해지자 더 자주 빨래를 하게 되었어. 또 다들 깨끗한 옷을 입고 다니면서 청결에 더욱 신경을 쓰게 되었지. 과거에는 코 묻은 소매가 흉이 아니었지만, 이제는 작은 얼룩도 불결의 표식이 되어 버렸어. 이건 엄마 생각이 아니라 미국 역사학자 루스 카원이 밝힌 내용이야. 그의 저서 《과학 기술과 가사 노동》에 자세히 나와 있단다.

이처럼 가전제품의 도입으로 가사 노동의 강도는 약해졌지만 가사 노동의 빈도와 시간은 별반 줄지 않았어. 빈도만 놓고 보면, 세탁의 사례처럼 오히려 늘어난 경우도 있지. 사실 가정에서만 그런 것도 아니야. 컴퓨터가 대중화되면서 회사 업무의 효율성이 높아졌지만 노동 시간은 그만큼 획기적으로 줄어들지 않았어. 업무 효율성이 높아진 만큼 더 많은 업무를 처리하게 됐으니까. 이게 바로 기계의 역설이야.

편리한 가전제품이 늘어날수록 여성은 오히려 경제 활동과 가사 노동이라는 이중고˙를 짊어지게 돼. 집안일의 부담을 던 만큼 다른 일을 더 하도록 요구받으면서 말이야. 문제는 여성이 가정에서 사회로 나온 만큼 남성이 사회에서 가정으로 들어가지 않는다는 거야. 가사든 육아든, 한쪽의 공백을 다른 한쪽이 채워야 균형이 맞을 텐데, 안타깝게도 현실에서는 그게 너무 어렵단다.

이중고 한꺼번에 겹치거나 거듭되는 고통.

학교에서 일어나는 차별

| 외모 차별 | **못생기고 뚱뚱한 친구는 싫어!**
| 경제력 차별 | **너, 어디 살아?**
| 비정상 가정이라는 편견 | **계모라서 그래**
| 집단 따돌림, 폭력의 악순환 | **걔는 왕따당할 만해!**

생각 더하기_민주주의와 다양성

크고 화려하지만 웃음이 없는 집과

작고 수수하지만 웃음이 넘치는 집 중에

어느 집이 더 좋은 집일까?

진짜 가치 있는 것들은 값어치를 매길 수 없단다.

못생기고 뚱뚱한 친구는 싫어!

여울아, 오늘 엄마는 네 얘기를 듣고 놀랐어. 너희 반 친구가 뚱뚱하다는 이유로 따돌림을 당하고 있다니……. 집단 따돌림이 네 또래 사이에서 흔히 일어나는 일이라는 건 알았지만 바로 너희 반에서 일어난 일이라고 하니 더 충격적이더라. 엄마 생각에도 우리 사회의 외모 차별은 정말 심각한 것 같아. '착한 외모' 같은 표현까지 생길 정도니 말이야.

외모 차별은 너희가 읽는 동화에도 고스란히 드러난단다. 《신데렐라》, 《백설 공주》, 《콩쥐 팥쥐》……. 동화 속 주인공들은 하나같이 예쁘고 착하지. 《박씨전》의 경우 못생긴 주인공이 나오지만 허물을 벗듯 아름답게 변신하고 비로소 주인공다운 활약을 하니 별반 차이가 없어.

인류 역사에서 사회 불평등의 근거로 가장 많이 활용된 것이 바로 몸이야. 신체 장애, 피부색, 여성의 몸 등이 대표적이지. 장애는 비정상의 상징으로 낙인찍혔고, 검은 피부는 인종 차별의 근거로 이용됐으며, 남성에 비해 작은 몸과 출산은 가부장제 사회에서 여성의 삶을 제한하는 명분이 되었지. 시각 문화가 발달한 오늘날, 몸은 더욱 중요해지고 있어. 특히, 우리 사회는 더더욱 그래. 아주 극소수의 미녀와 미남만이 승자로, 나머지 대다수는 패자로 그려지는 게 현실이야.

우리나라는 세계 1위의 성형 공화국이지. 2013년 국제 미용 성형외과 협회 보고서에 따르면 전체 성형 수술과 미용 시술 건수에서 세계 7위를 차지했어. 수술(시술) 건수가 한 해 100만 건에 달했지. 이를 인구 1만 명당 건수로 나누면 세계 1위야. 고급 남성 화장품 소비율도 전 세계 시장의 40%를 차지해. 남성 1인당 화장품 소비 규모도 2위인 덴마크의 3배에 달하지. 이처럼 외모 관리에 대한 높은 관심과 투자는 외모를 중시하고 외모를 잣대로 차별하는 사회·문화적 환경이 반영된 결과야.

한국 여성 정책 연구원에 따르면, '외모에 따른 차별이 심각하다'고 응답한 비율이 2004년 61%에서 2011년 85.6%로 증가했어. 여성들은 90.5%가 심각하다고 응답했단다. 여성들이 외모로 인한 압박을 더 크게 받는다는 사실을 알 수 있지. 우리나라 여성들이 다른 나라 여성들보다 '살을 빼야 한다'는 강박 관념에 더 시달린다는 연구 결과도 있어. 22개국의 여자 대학생들을 조사했는데, 우리나라 학생들이 평균적으로 가장 말랐으면서도 다이어트를 제일 많이 하는 것으로 나왔어. 체중이 정상인데도 스스로 뚱뚱하다고 여겨 자기 몸을 괴롭히는 거야.

정상 체중, 심지어 저체중인 여성들까지 다이어트 열풍에 가세하는 상황은 날씬한 몸을 지나치게 선망*하는 문화에서 비롯하지. 이런 문화에서는 뚱뚱하면 차별당할 수 있다는 불안감과 무조건 살을 빼야 한다는 강박이 쉽게 생겨나. 물론 외모에 대한 차별이 여성에게만 가해지는 건 아니야. 예전에 '키 170cm 이하 남자는 루저'라는 말이 사회적으로 논란이 된 일이 있어. 여성 못지않게 키 작은 남성, 대머리 남성, 뚱뚱한 남성 등도 외모로 인해 큰 압박을 받지.

외모에 대한 불만은 어린이와 청소년에게도 예외 없이 나타나. 2016년 통계청 조사에 따르면, 청소년의 주된 고민은 공부, 진로(직업), 외모 순이었어. 2017년 국제 구호 단체 세이브더칠드런과 서울대 사회복지 연구소가 공동 발표한 「초등학교 3학년 아동의 행복감 국제 비교 연구」에 따르면, 우리나라 어린이들이 자신의 외모, 신체, 학업 성적에서 느끼는 만족도가 조사 대상 15개국 중 가장 낮았어. 청소년도 사정이 비슷해. 16개국의 중학교 1학년을 대상으로 조사했더니, 외모 만족도에서 우리나라 청소년이 16위로 최하위였어. 대체 누가 우리나라의 아이들에게 '넌 못생겼어!' 하며 괴롭히는 걸까?

선망 부러워하여 바람.

엄마 친구 주연이 아줌마 알지? 주연이 아줌마 딸이 초등학교 3학년인데, 지난번 신체검사 날 학교에 가지 않겠다고 떼를 썼다더라. 아이들 사이에서 신체검사를 거의 '몸매 경연 대회'로 여긴다는 거야. 엄마는 그 얘길 듣고 깜짝 놀랐단다. 그뿐만 아니라 외모를 가지고 놀리는 일도 많다더라. '리얼 밥도둑', '니 얼굴 실화냐' 같은 말들이 유행이라며? 또 빻다(못생겼다), 쿵쾅이(뚱뚱한 여자를 일컫는 말), 파오후(뚱뚱한 사람이 숨 쉬는 모습을 흉내 낸 말) 같은 신조어들을 아무렇지 않게 쓰고. 어른들이 외모로 사람을 판단하고 등급을 매기니까 너희들도 보고 배운 거겠지.

방송과 신문 등 대중 매체는 연예인이건 정치인이건 스포츠 스타건 대상이 여성일 때 얼굴에 주목하는 경향이 있어. 대중 매체는 '얼짱 정치인', '얼짱 골퍼', '얼짱 교수'처럼 얼굴과 전혀 상관없는 분야의 여성들을 얼굴이라는 공통분모로 묶어 버리지. 연예인은 겉모습으로 자신을 드러내는 직업이니까 어쩔 수 없다 해도, 다른 분야까지 외모를 들먹이는 건 문제야. 정치나 운동, 연구 등을 얼굴로 하는 게 아니잖아.

대중 매체는 획일적인 아름다움을 주입하기도 해. 예를 들어 〈플라워링 하트〉나 〈소피 루비〉 같은 만화를 보면 하나같이 커다란 눈에 마른 체형의 여자아이가 주인공으로 등장하지. 여자 아이돌은 어떻고. 비쩍 마른 몸매에 조막만 한 얼굴뿐이야. 대중 매체의 위력을 잘

 보여 주는 사례가 있어. 인구 80만 명의 작은 섬나라 피지에서는 "너 요즘 살쪄 보인다"라는 말이 칭찬이었어. 전통적으로 통통한 몸매를 선호했기 때문이지. 날씬한 몸매에 대한 강박이 없으니 거식증 같은 식이 장애도 없었어. 거식증은 몸이 음식을 거부하는 질병으로 조금만 먹어도 살이 찔 거라는, 극단적인 두려움에서 비롯하지.

 그런데 1995년 피지에 방송국이 들어서고 텔레비전이 널리 퍼지면서 상황이 달라졌어. 자체적으로 방송을 제작하기 어려웠던 피지 방송국들이 외국 프로그램을 수입해 방영했는데 그 결과, 1995년 이후 피지에서 나고 자란 세대들의 외모에 대한 기준이 완전히 바뀌었단다. 오랫동안 예쁜 몸으로 여겨졌던 '풍만한 몸매'가 더는 예쁜 몸이 아니게 됐어. 대신 날씬한 외국 연예인의 몸매가 예쁜 몸의 기준이 되었지. 그에 따라 식이 장애를 앓는 여성도 급증했어.

소설가 박민규는 외모 문제를 다룬 소설 《죽은 왕녀를 위한 파반느》에서 "인류는 단 한 번도 못생긴 여자를 사랑해 주지 않았습니다"라고 썼어. 이 구절처럼 텔레비전도 못생긴 여자를 단 한 번도 사랑하지 않았어. 텔레비전 속 연예인들을 봐. 하나같이 예쁘고 날씬하잖아. 못생기고 뚱뚱한 사람이 주인공인 경우는 없어. 간혹 있더라도 살을 빼고 성형 수술을 받아서 결국 예뻐진 후에 성공한다는 이야기로 끝맺지.

"거울아, 거울아, 세상에서 누가 가장 아름답지?" 《백설 공주》에서 마녀가 되뇌는 말이야. 거울은 자기 외모를 타인의 외모와 비교하는 도구이지. 거울을 보고 남과 나를 비교하면서 불행이 싹터. 백설 공주와 비교해서 그렇지, 사실 마녀도 충분히 예뻤어. 거울이 비교의 도구라면, 저울은 자기 통제의 도구야. 틈나는 대로 체중계에 올라가 체중을 확인하고, 정해 놓은 목표치에 도달하려고 발버둥 치잖아.

거울과 저울 사이를 무한히 왕복하는, 즉 비교와 자기 통제를 끝없이 되풀이하는 사람들은 미용 산업의 부추김에 이끌려 패션, 화장품, 성형외과, 다이어트 등에 손을 뻗어. 아름다움을 향한 열정은 놀랍고 무섭기까지 해. 현실에는 존재하지 않는 허상의 미인이 실재한다고 믿고, 그와 비슷해지기 위해 살을 찢고 뼈를 깎으며 몸을 학대하지.

심지어 먹은 것을 토하기까지 해. 여성의 몸은 전쟁터와 다름없어. 거울과 저울의 압박이 거세질수록 식이 장애, 성형 중독, 과도한 다이어트 등 병적인 현상도 늘어나.

미용 산업은 '아름다워질 권리'를 속삭이지만, 몸을 아름답게 가꾸는 일은 이제 자유보다 의무에 가까워. 아름다운 여성과 못생긴 여성에게 주어지는 사회적 보상과 제재는 여성 모두에게 무거운 의무를 지우지. 여울아, 다른 조건이 같을 때 아름다운 쪽이 보상을 더 받는다는 사실을 알고 있니? 가령 아름다운 여성일수록 결혼 시장에서 능력(경제력) 있는 남자를 만날 가능성이 높지. 그런가 하면 뚱뚱하고 못생긴 외모에는 제재와 배제가 뒤따라. 가령 관리자가 뚱뚱한 여자일 때, "자기 몸도 관리하지 못하면서 부하 직원을 어떻게 관리해?"라고 헐뜯는 식이야. 비만을 무능력이나 게으름과 쉽게 동일시하지.

"못생긴 여자는 없다. 다만 게으른 여자가 있을 뿐이다." 미용 산업계의 주장처럼 누구나 부지런히 노력하면 아름다워질 수 있을까? 사

같은 값이면 다홍치마?

외모가 나으면 더 나은 보상(경제적 보상이든 사회적 인정이든)을 받는 경우를 '외모 프리미엄'이라고 불러. 외모는 노동자의 교육 수준이나 숙련도 등과 함께 소득을 결정하는 주요인이야. 미국 텍사스대 경제학과 대니얼 해머메시 교수에 따르면 예쁜 여성은 못생긴 여성보다 평균 임금이 9% 더 높았고, 잘생긴 남성은 못생긴 남성보다 평균 임금이 14% 더 높았어. 외모 프리미엄과 반대로 외모 때문에 불이익이나 차별을 받는 경우도 있어. 이를 '외모 페널티'라고 한단다.

실 뚱뚱한 몸매는 개인의 노력보다 경제적 조건과 연관 있어. 2013년에 건강 보험료 상위 5%, 즉 고소득층의 초고도 비만율은 남자 0.45%, 여자 0.25%였지만, 저소득층은 남자 0.87%, 여자 1.59%로 더 높았어. 남성은 2배, 여성은 6배나 됐던 거야. 소득 수준이 높을수록 운동할 여유 시간이 더 많고 균형 잡힌 식사를 할 수 있지. 비싼 체형 관리도 받을 수 있을 테고.

예쁘고 멋진 것을 선호하는 것은 개인의 자유야. 다만 외모로 사람을 차별하는 건 다른 문제란다. 누군가를 좋아하지 않을 수 있지만, 싫어할 것까지는 없지. 좋아하지 않으면 싫어하는 거 아니냐고? 여울이가 좋아하는 반찬은 고기고, 싫어하는 반찬은 당근이랑 버섯이잖아. 그럼 나머지 반찬들은? 특별히 찾거나 밀어내지 않고, 그냥저냥 먹는 편이지? 사람을 대하는 태도도 마찬가지야. 특별히 좋아하지 않는다고 해서 유달리 싫어하거나 차별할 이유는 없단다.

눈에 보이는 게 전부가 아니야. 때로는 보이지 않는 것이 보이는 것보다 더 중요해. 우리에게 절실히 필요한 건 보이지 않는 것을 볼 수 있는 '마음의 눈'일지 몰라. 내세울 만한 게 없는 사람이나 외모로만 사람을 판단한다는 걸 기억하렴.

최근 화장하는 아이들이 늘어나면서 그런 아이들을 막무가내로 나무라는 어른들도 많아졌어. 그러기 전에 어른들이 쌓아 올린 '거죽의 성(城)'부터 돌아봐야 하지 않을까? 아이들을 성에 가둬 놓고 왜 성 안

에서 나오지 못하느냐고 나무라면 안 되겠지. 엄마도 나 자신을 돌아 봐야겠어. 내 손으로 성을 쌓고 그 속에 나를 가둔 적은 없는지. 포토샵으로 보정한 말라깽이 모델들이 수두룩한 잡지 안 사기, 못생기고 뚱뚱한 외모를 희화화하는 코미디 프로그램 안 보기(보더라도 게시판 등에 항의하기), 외모로 사람을 평가(비난)하지 않기 등등. 생활 속에서 실천할 수 있는 일들이 꽤 많아. 여울아, 엄마와 함께 작지만 의미 있는 변화들을 만들어 가 볼래?

너, 어디 살아?

여울아, 어제 산책 갔다 돌아오는 길에 네가 물었지? 아파트 앞에 세워진 담장이 뭐냐고 말이야. 오늘은 그 이야기를 하려고 해. 우선 그 전에 '미친 땅값' 얘기부터 해 볼까? 캐나다의 국토 면적은 우리나라 국토 면적의 100배에 달해. 그런데 서울과 경기도 땅을 판 돈이면 캐나다 국토 전체를 사고도 남는단다. 통계청이 「2007년말 기준 국가 자산 통계 추계 결과」에서 밝힌 내용이지. 그만큼 우리나라의 땅값이 비싸다는 얘기야. 사정이 이렇다 보니 우리나라에서 내 집 마련은 하늘의 별 따기나 다름없단다.

2016년에 통계청이 발표한 바에 따르면 20~30대가 월급을 단 한 푼도 쓰지 않고 12년 6개월을 꼬박 모아야 서울에서 아파트를 살 수 있어. 그러나 월급을 단 한 푼도 쓰지 않는 건 현실적으로 불가능하지. 생활비와 교육비 등 꼭 써야 하는 돈을 빼면 내 집 마련에 걸리는 시간은 더 길어질 수밖에 없어. 그렇다면 집을 보유한 신혼부부들은 어떻게 집을 마련했을까? 부모가 집을 사 주거나 주택 구입 자금의 일부를 보태서 샀다고 봐야지.

국가에서는 집 없는 서민들을 위해 임대 아파트를 지어 공급하고 있어. 임대 아파트는 공공 기관이나 민간 건설 업체가 지어서 주민에게 빌려주는 아파트야. 주택을 구입하기 어려운 서민 입장에서는 안정적인 주거 생활을 위해 반드시 필요한 제도지. 그런데 임대 아파트가 들어서면 동네 집값이 떨어진다며 인근 주민들이 임대 아파트 건설을 반대하는 일이 예사로 벌어져. 또 임대 아파트 주위에 울타리를 쳐서 주민들이 다니지 못하게 길을 막기도 하지. 너도 알고 있을 거야. 이런 현실을 반영한 '휴거'라는 말이 초등학생들 사이에서 유행하잖아. 휴거가 휴먼시아에 사는 거지라는 뜻이라며? 휴먼시아가 한국 토지 주택 공사에서 만든 임대 아파트의 대표 브랜드라는 건 엄마도 알고 있어.

'휴거'를 입에 올리는 초등학생들을 볼 때마다 어른들의 그릇된 생각이 아이들을 망치고 있는 것 같아 무척 속상해. 임대 아파트에 사는 아이들과 놀지 말라든가, 임대 아파트 아이들과 구분해 학급을 편성해 달라든가, 임대 아파트 아이들이 놀이터를 사용하지 못하도록 울타리를 친다든가 하는 비뚤어진 계층 의식이 아이들까지 병들게 하고 있어. 계층 의식이란 소득이나 직업 등에 따라 계층을 나누고 위계화하는 생각을 뜻해. 보통 상류층, 중류층, 하류층 등으로 구분하지.

학교라고 다를까? 사립 초등학교의 경우 입학 과정에서 출신 유치원은 물론, 부모의 직업까지 확인하는 곳이 적잖다고 해. 2016학년도 입학 지원서를 조사한 결과, 전국 75개 사립 초등학교 중 25개 학교(33%)가 부모의 직업을 기록하도록 요구했지. 또 55개 학교(73%)는 출신 유치원 정보를 요구했어. 심지어 영어 유치원으로 불리는 '출신 어학원'을 묻는 곳도 23곳(31%)이나 됐어. 부모의 소득 수준을 가늠하려고 이런 정보들을 수집했던 거야.

"느그 아버지 뭐 하시노?" 1980년대 배경의 영화 〈친구〉에 등장하는 이 대사가 21세기에도 여전히 통하고 있어. 이런 행태는 심지어 기업의 채용 과정에서도 나타난단다. 한 설문 조사에서 구직자에게 이력서나 자기소개서를 작성하면서 가장 불쾌했던 항목을 물었더니 부모의 학력(81%), 부모의 직업(77%) 순이었어. 도대체 구직자의 능력과 부모의 학력, 직업이 무슨 관련이 있을까?

우리는 온갖 것들에 등급을 매겨서 서열화해. 유모차는 물론이고 점퍼에도 등급을 매기지. 우리가 걸친 옷이며 신발에도 모두 낙인처럼 등급이 찍혀 있어. 그리고 물건의 등급에 따라 그것을 소유한 사람의 가치를 평가하지. '란도셀 가방'이라고 들어 봤니? 몇 년 전부터 초등학교 입학 선물로 유행했다는데, 가격이 평균 35~70만 원에 달한대. 부모들은 자녀의 기를 죽이지 않으려고 이 비싼 가방을 사 준다

 는구나. 마치 비싼 가방을 매면 그 사람의 품격까지 높아질 거라는 근거 없는 환상에서 비롯한 현상이지.

 17세기 네덜란드에서 있었던 일이야. 당시 네덜란드에는 물이 차오르는 지하 감옥이 있었는데, 여기에 죄수를 가두고 펌프 하나를 던져 줬어. 죄수는 익사하지 않기 위해 쉬지 않고 밤낮 없이 펌프질을 해야 했지. 이렇게 죄수를 괴롭힌 이유는 노동의 소중함을 교육하기 위해서였어. 빈민은 게을러서 가난하고 그로 인해 범죄를 저지른다고 여겼거든.(한국경제, 2011년 3월 11일, '잠들면 물에 빠져 죽는 네덜란드 감옥' 참고)

교도소 일화를 들려 준 이유는 가난에 대한 편견에 관해 알려 주고 싶어서란다. '게으르니까 가난하다'는 것은 아주 오래된 편견이야. "사람들이 가난하게 사는 이유는 무엇일까요?"라고 질문하면 대부분 "게을러서요"라고 대답해. 2011년 초록우산 어린이 재단이 '세계 빈곤 퇴치의 날(10월17일)'을 맞아 초등학교 4~6학년 234명을 대상으로 가난에 대한 인식을 조사했어. 사람들이 가난한 이유를 묻자, '돈을 벌지 않고 게으름을 피워서'라는 답이 가장 많았고 '직장을 잃어버려서', '잘 배우지 못해서' 등이 뒤를 이었어.

"당신의 가난은 오로지 당신의 책임입니다." 사회는 가난의 원인을 개인의 무능력과 게으름의 결과라고 봐. 이 때문에 가난한 이들에게 부당한 차별을 가하기도 해. 개인의 잘못된 습관이 빈곤에 영향을 미

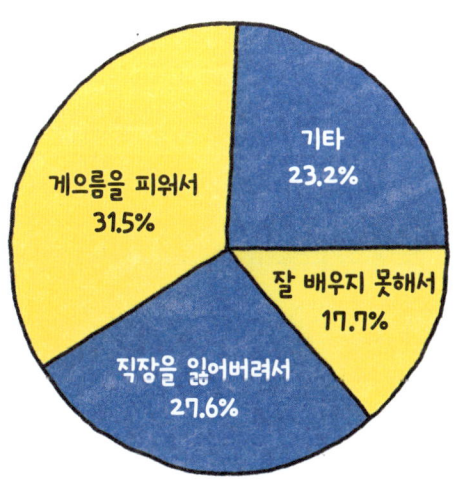

초등학교 4~6학년이 생각한 사람들이 가난한 이유(2011년, 초록우산 어린이 재단)

칠 수는 있지만, 빈곤이 오롯이 개인의 탓은 아니야. 개인의 잘못된 습관을 빈곤의 주된 원인으로 여기는 생각은 편견에 불과해. 나쁜 습관이나 게으른 태도는 가난한 이들뿐 아니라 모든 사람에게 두루 나타날 수 있는 특징이거든.

가령 음주와 빈곤의 관계를 볼까? 2010년 기준으로 우리나라에서 소득 하위 20%에 해당하는 가구주[•]의 음주율은 52.93%로 가장 낮았어. 반면 소득 상위 20%에 해당하는 가구주의 음주율은 84.23%로 가장 높았지. 주 2회 이상 음주하는 고위험 음주자 비율 역시 하위 20%와 상위 20%가 거의 차이 나지 않았어. 다만 주 4회 이상 음주자 비율에서 하위 20%(22.73%)가 상위 20%(15.05%)보다 높을 뿐이었지. 미국과 인도, 케냐 등지에서 3만 5567가구의 빈곤 경로를 추적했더니, 게으름이나 음주가 빈곤의 원인인 경우는 채 5%도 되지 않았어.

가난한 이들이 절약이나 저축을 하지 않아서 더욱 가난해진다고 보는 견해도 있어. 과연 그럴까? 경제학자 로버트 H. 프랭크에 따르면 미국에서 열심히 노력하지 않거나 지출 관리를 못해서 파산하는 사람보다, 질병이나 실직 때문에 파산하는 사람이 더 많다고 해. 여울이도 잘 아는 동화 《행복한 왕자》를 쓴 작가 오스카 와일드도 《사회주

가구주 한 집안을 이끄는 사람.

의에서의 인간의 영혼》이라는 책에 이렇게 썼어. "가난한 사람들에게 절약하라고 권하는 것은 터무니없는 일이며 모욕하는 말이다. 이것은 굶주리는 사람들에게 적게 먹으라고 말하는 것과 같다."

원래부터 가난하면 노력해도 가난에서 벗어나기 어려워. 막노동하는 사람들은 보통 새벽 4시에 잠에서 깬다고 해. 인력 시장에서 일을 구하려면 5시까지 가야 하거든. 우리도 예전에 시골에 가려고 일찍 집을 나선 적이 있었지? 그때 버스에서 봤던 나이 지긋한 어르신들도 대부분 새벽같이 일터로 출근하는 분들이었을 거야. 관공서나 기업 건물에서 일하는 청소·경비 노동자들은 그 누구보다 일찍 출근해야

하거든.

그렇다면 가난한 나라에서 빈둥거리며 게으르게 사는 이들은 뭘까? 그건 그들이 원래부터 게을러서가 아니라 할 일이 없어서야. 가난한 나라에는 일자리가 넉넉하지 않아서 실업이나 준실업 상태의 사람들이 많아. 준실업이란 직업은 있지만 할 일이 충분하지 않은 경우를 뜻해. 이 경우에도 게을러 보이기 십상이지. 하지만 이들에게 일자리를 충분히 제공하면 상황은 달라질지 몰라. 실제로 가난한 나라 출신의 사람들이 잘사는 나라로 이민을 가서 현지인들보다 더 열심히 일하는 사례를 얼마든지 볼 수 있어.

누군가의 집이 더 넓고 비쌀 순 있지만, 그게 집을 둘러싼 가치의 전부는 아니야. 애니메이션 〈업〉의 대사처럼 시멘트로 된 벽과 지붕으로 둘러싸인 집은 그저 집일 뿐이야. 우리 집이 다른 집보다 좁고 덜 비싸다고 해서, 우리 집의 가치가 떨어질까? 크고 화려하지만 웃음이 없는 집과 작고 수수하지만 웃음이 넘치는 집 중에 어느 집이 더 좋은 집일까? 진짜 가치 있는 것들은 값어치를 매길 수 없단다.

여울아, 물질적 가난은 비난받을 일도, 부끄러운 일도 아니란다. 부끄러운 건 정신이 가난한 거야. 정신이 가난한 사람은 다른 사람을 오로지 물질로만 평가하고 판단해. 그런 태도가 진짜 부끄러운 거라는 걸 잊지 말렴.

계모라서 그래

 여울아, 예전에 《장발장》이라는 소설 읽은 적 있지? 《장발장》의 원래 제목은 '비참한 사람들'을 뜻하는 《레미제라블》이야. 소설에 등장하는 '팡틴' 기억하니? 장발장이 키운 의붓딸 코제트의 엄마 말이야. 팡틴은 미혼모야. 미혼모는 결혼하지 않고 애를 낳은 여성을 가리키지. 미혼모가 낳은 아이는 '사생아'라고 불러. 팡틴은 미혼모라는 사실이 알려져 공장에서 해고된 뒤 머리카락을 자르고 생니를 뽑아 팔아서 양육비와 병원비를 마련해. 머리카락은 가발의 재료로 쓰였고, 생니는 의치와 틀니를 만드는 데 쓰였거든.

 《레미제라블》은 18세기 프랑스가 배경인데, 미혼모인 팡틴의 처지만 놓고 본다면 21세기 대한민국의 현실과 별반 다르지 않아. 우리 사회도 미혼모에게 대단히 부정적이거든. 사생아에 대한 생각도 그렇고. 그래서일까? 한 해에만 20만 건(의료계 추산, 보건 복지부는 35만 건 추산)의 낙태가 이뤄지는 것으로 짐작해.(우리나라는 낙태를 법으로 금지하고 있어.)

 사실 미혼모는 낙태의 유혹이나 입양 권유를 뿌리치고, 자기 자식과 자기 인생을 스스로 책임지려는 사람이야. 욕먹고 비난받을 이유가 전혀 없지. 아주아주 이상한 건 뭔지 아니? 미혼모라는 말이 있으면 미혼부라는 말도 있을 법한데, 우리말에 그런 단어가 없다는 거야. 그래서 사생아에 대한 비난은 오로지 미혼모에게만 향하지. 애를 낳으려면 여자와 남자 두 사람이 있어야 하는데, 피임의 책임은 여성만 지다니……. 참 이상한 논리지?

 결혼과 관련해서 미혼모만큼 차별받는 사람이 이혼녀, 이혼남이야. 엄마 친구 중에 서현이 아줌마 알지? 서현이 아줌마가 남편과 헤어진 건 너도 알 거야. 서현이 아줌마가 이혼 후에 이런 황당한 일을 겪었다더라. 한밤중에 몸이 너무 아파서 응급실을 찾았는데, 의료진이 계속 '보호자가 어디 있냐'고 묻더래. 서현이 아줌마가 엄마한테 하소연하듯이 이렇게 말하더라. "아파 죽겠는데, 보호자는 무슨 얼어 죽을 보호자야? 다 큰 성인이 혼자서 응급실도 못 가?"

 또 하루는 은행에서 무슨 신청서에 개인 정보를 기록하는데, 기혼에 표시를 하면 배우자 이름과 결혼기념일 등을 써야 하고, 미혼에 표시하면 자녀 정보를 적을 수 없어서 아주 당황스러웠다고 해. 신용카드를 신청할 때도 비슷한 일을 겪었다지. 우리 사회에서 이혼율이 30%를 넘은 지 오래인데, 은행과 카드 회사는 왜 달라진 시대를 따라

가지 못하는 걸까?

　요즘은 이혼 가정이 늘어나서 엄마 혼자, 또는 아빠 혼자 애를 키우는 경우가 많아. 이를 흔히 '편부모 가정'이라고 불러. 편부모의 부정적 어감 때문에 '한 부모'라는 말을 쓰기도 해. 여울이네 반에 그런 친구가 있더라도 전혀 이상하게 볼 필요 없어. 네 눈에는 우리 집처럼 엄마랑 아빠가 모두 있는 집이 정상으로 보이겠지만, 정상 같은 건 없단다. 정상은 그저 평균적으로 많은 쪽에 써 붙인 포스트잇 같은 거야. 떼어 버리면 그만이지.

　그런데 우리 사회는 '결손 가정' 같은 말을 만들어서 한 부모 가정을 뭔가 부족하고 정상이 아닌 가정으로 낙인찍어. 결손 가정은 부모

의 한쪽 또는 양쪽이 죽거나 이혼하거나 따로 살아서 자녀를 제대로 돌보지 못하는 가정을 뜻하는 말이야. 흔히 결손 가정에서 자란 아이들은 정서적으로 문제가 있다고 생각하지. 그러나 그들의 정서적 문제는 단순히 가정 환경 때문에 생기는 게 아니야. 이혼 가정의 경우 아이들이 정서적인 문제를 겪기도 하지만 그건 대개 이혼 전에 부부 사이가 좋지 않은 부모와 살면서 생기는 경우가 많아. 다시 말해서 결손 가정의 자녀들이 겪는 정서적 문제는 이혼 자체보다 이혼 전 부모의 갈등 상황에서 비롯하지.

천 원에 그려진 퇴계 이황과 오 천 원에 그려진 율곡 이이, 동양을 대표하는 사상가 공자와 맹자, 애플을 창업한 스티브 잡스와 전 미국 대통령 버락 오바마, 이들 여섯 명의 공통점이 뭘까? 모두 아버지 없이 홀어머니 밑에서 자랐다는 거야. 어때, 결손 가정에 대한 편견이 조금은 사라지지?

이혼이 증가하면서 예전에 비해 재혼도 늘어나고 있어. 결혼한 커플 중에서 한쪽 또는 양쪽 모두가 재혼인 커플이 전체의 21.5%를 차지해. 5쌍 중 1쌍꼴이지. 재혼 가정과 관련해서 짚고 넘어갈 문제가 있어. 바로 계모에 대한 편견이야. 예전에 계모가 자녀를 학대한 사건이 크게 보도된 적이 있어. 그때 TV 뉴스를 같이 보면서 네가 갑자기 "엄마가 친엄마라서 다행이야"라고 말했지. 그때는 무심코 넘겼는데, 지금 생각해 보니 엄마가 계모였더라도 여울이와 겨울이를 지금처럼 사랑했을 거야. 너희처럼 사랑스러운 아이들을 어떻게 사랑하지 않을 수 있겠니?

계모의 폭력 사건이 터지면 언론들은 자극적인 제목으로 사건을 보도하지. 가령 '지적 장애 의붓딸 밀쳐 숨지게 한 비정한 계모' 같은 식이야. 이런 기사 제목은 계모가 자식을 학대하는 사람이라는 편견을 심어 준단다. 아동 폭력의 실상을 들여다보면 계모가 괴물이 아니란 걸 알 수 있어. 중앙 아동 보호 전문기관에 따르면 2016년 아동 학대 행위자 중 76.3%(14158명)가 친부모였지. 계부·계모·양부모는 고작 4.4%(828명)에 불과했어. 친부모든 양부모든 사람에 따라 좋은 부모가 되기도 하고, 나쁜 부모가 되기도 하지.

그러면 계모는 왜 괴물이 됐을까? 오래전부터 내려 오는 고정 관념의 탓이 커. 콩쥐 팥쥐, 장화 홍련, 심청전, 백설 공주, 신데렐라, 헨젤과 그레텔, 이 이야기들의 공통점이 뭘까? 정답은 못된 계모가 등장한다는 거야. 밑 빠진 독에 물을 채우라며 콩쥐를 구박하는 팥쥐 엄

계모의 원래 뜻은?

계모는 의모(義母), 새엄마, 새어머니, 의붓어머니 등으로도 불려. 계모(繼母)의 한자어를 풀이하면 '(친)어머니를 잇는 사람'이야. 그 말 자체에는 부정적인 뜻이 전혀 없지. 의모(義母)도 마찬가지야. 의(義)는 혈연이 아닌 사람과 맺는, 혈연과 같은 관계를 뜻해. 그러니까 의모는 혈연은 아니지만 혈연과 같은 관계로 맺어진 어머니라는 뜻이야. 이처럼 계모의 원래 뜻은 부정적이지 않은데, 현실에서는 탐욕, 무정, 학대, 악녀, 괴물 등의 이미지가 덧씌워져 있단다.

마, 낙태했다고 모함하여 장화와 홍련을 죽게 만든 허씨, 심청이네 재산을 모두 빼돌린 뺑덕 어멈까지 모두 계모인데, 하나같이 주인공을 괴롭히지. 엄마가 어렸을 때는 이런 노래도 불렀어. "신데렐라는 어려서 부모님을 잃고요. 계모와 언니들에게 구박을 받았더래요." 동화 속 계모는 으레 의붓자식을 구박하고 못살게 구는 마녀처럼 그려져. 그런 부정적인 이미지가 현실에 투영되어 '계모=학대하는 사람'이라는 편견을 낳는 거야.

원래 백설 공주 이야기에서 '나쁜 왕비'는 계모가 아니야. 중세 독일 민담*에 등장하는 '나쁜 왕비'는 친엄마지. 나쁜 왕비가 계모로 바

민담 예로부터 일반 백성에게 전해 내려오던 이야기.

뀐 것은 그림 형제가 전해 오는 민담을 동화로 엮으면서야. 친엄마가 딸을 죽이려는 이야기보다 새엄마가 딸을 핍박하는 이야기가 거부감이 덜할 테니까. 잠자리에서 엄마가 "옛날 옛날에 백설 공주와 왕비가 살았는데, 친엄마인 왕비가 공주를 죽이려고 독이 든 사과를 줬단다"라는 내용의 동화를 읽어 준다면 아이들이 무서워서 편히 잘 수 있겠어? 어린이 독자가 받을 충격을 고려해 각색한 거야.

실제로 계모라는 괴물은 없어. 있다면 친모 중에 괴물이 있는 비율만큼 있겠지. 앞에서 이혼 가정의 아이들이 심리적으로 상처를 받는다고 말했지? 그 상처는 부모가 재혼하면서 해소된다는 연구 결과가 있어. 엄마가 생기면 아이는 가족에 대한 소속감을 회복하고, 동생이 태어나면 정서 발달에 긍정적인 영향을 받는다는 게 연구의 결론이야.

모든 매체가 아동 학대의 원흉을 계모로 몰아가는 동안 정작 아동 학대가 왜 발생하는지, 또 아동 학대 문제를 해결하기 위한 근본적인 대책은 무엇인지 등 중요한 문제들이 소홀히 다뤄지고 있어. 아동 학대는 사회 환경과 관련이 높아. 양육 지식이나 기술 등이 부족하고, 사회적으로 고립되거나 경제 형편이 어려운 가정일수록 아동 학대가 많이 일어나. 결국 부모가 처한 여건이 아동 학대의 주된 원인이므로, 학대의 주체가 누구인지에만 초점을 맞춰서는 안 돼.

한 출판사가 만든 중학교 1학년 도덕 교과서는 가족을 '부부 중심으로 그 부모나 자녀를 포함한 생활 공동체'로 정의하고 있어. 그런데 우리 사회에서 양부모 가족(부부와 자녀)의 비율은 50%에 불과해. 나머지 절반은 자녀 없는 부부(20.6%), 한 부모와 미혼 자녀 가족(12.3%), 기타 가족(11.6%) 등이 차지하지. 이혼 가정이든 재혼 가정이든 미혼모 가정이든, 미혼모든 계모든 어느 것도 비정상이 아니야. 양부모 가정이 다른 가정에 비해 수가 많을 뿐이지. '많은 건 정상, 적은 건 비정상'이라는 공식은 없어. 많은 건 그저 많은 것일 뿐, 정상과 비정상을 가르는 잣대가 될 수는 없단다.

걔는 왕따당할 만해!

작년에 온 식구가 같이 본 영화 〈우리들〉 기억하지? 여자아이들 사이에서 왕따를 당하던 주인공 선이 새로 전학 온 지아를 만나 친구가 돼. 지아는 선이 왕따인 줄 모른 채 친해졌다가 나중에 그 사실을 알고 선을 멀리하지. 그런데 얼마 지나지 않아 지아 역시 왕따를 당해. 한때 둘도 없이 친했던 두 왕따가 서로에게 '네가 왕따잖아'라고 힐난하며˙ 싸우는 장면이 참 아프고 서글픈 영화였잖아.

〈우리들〉에서 같은 반 여자아이들은 선과 지아를 왕따시키면서 그들에게 문제가 있는 것처럼 대해. 자신들과 다른 면을 강조하면서 말이야. "걔는 잘난 척이 심해", "걔는 자기밖에 몰라", "걔는 분위기 파악을 못해" 이런 식이지. 이런 말들은 피해자를 자신들과 다르다는 이유를 들어 구별짓고, 피해자가 가진 문제 때문에 집단 따돌림이 벌

힐난하다 트집을 잡아 거북할 만큼 따지고 들다.

어진다는 생각을 정당화해. 한마디로 말해서 왕따의 원인이 가해자가 아닌 피해자에게 있다고 보는 것인데, 과연 그럴까?

세상에는 성격이 괴팍하거나 행동이 유별난 사람이 분명히 있어. 그런데 가만히 생각해 보면, 정도의 차이만 있을 뿐 사람들의 성격과 행동은 저마다 다르기 마련이야. 이상하고 유별난 것들도 '다른' 것일 뿐이지.

생각이 다른 것도 마찬가지야. 생각이 다르다고 해서 차별한다면 이 세상은 '만인(모든 사람)에 대한 만인의 차별'이 넘쳐 날 거야.

"나는 당신의 사상에 반대한다. 하지만 당신이 그 사상 때문에 탄압받는다면, 나는 당신의 편에 서서 싸울 것이다."

볼테르라는 사상가가 한 말이야. 비록 자기와 생각이 다르더라도, 생각의 자유만큼은 누구에게나 보장되어야 한다는 거지.

그런데 따지고 보면 다르다는 이유만으로 왕따를 하는 것도 아니야. 더 근본적인 이유는 따로 있지. 예를 들어 여울이 반에 '일진'이 있다고 해 볼까. 그 아이가 자기밖에 모르고 잘난 척이 심하며 분위

다름은 생각보다 다르지 않다

사실 우리는 그리 다르지 않아. 사람들의 DNA는 99.95%가 동일하고, 오직 0.05%만이 다르지. 서로가 많이 다른 것 같지만, 다름은 생각보다 사소한 것인지도 모른단다. 다름을 평범하고 당연한 것으로 여길 필요가 있어.

기 파악을 못한다고 해서 아이들이 왕따를 할까? 아무리 유별나고 문제투성이여도 그 아이가 강하고 힘세면 결코 따돌리지 않아. 괴롭힘은 대체로 두 가지 조건에서 이루어져. 첫째, 피해자는 가해자가 쉽게 굴복시킬 만한 상대라는 것, 둘째, 가능한 한 많은 사람이 지켜보는 가운데 피해자를 괴롭힌다는 것. 가해자와 피해자 단둘이 있을 때보다 주변에 아이들이 많을 때 괴롭힘이 더 자주 발생하지.

이렇듯 왕따는 대상에게 무슨 큰 문제나 결함이 있어서 발생하는 게 아니야. 따돌림을 당하는 아이는 그저 힘없고 약할 뿐이지. 싸움을 잘하거나 공부를 잘하거나 잘생기면 왕따를 당하지 않아. 왜? 강자니까. 결국 따돌림의 진짜 이유는 결함이 아니라 약함에 있어. 왕따는 약한 자가 자기보다 더 약한 자를 괴롭히는 '비겁한 게임'이야. 진짜 강한 사람은 그런 게임을 하지 않아. 강한 척하고 싶은 사람, 남에게 강하게 보이고 싶은 사람이나 그런 게임을 한단다.

그런데 따돌리는 아이들이 왜 따돌림을 당하는 아이를 비난할까? 그렇게 함으로써 자기 책임을 회피하는 거야. 그러면 누가 봐도 문제가 많은 아이는 왕따를 당해도 될까? 어떻게든 참고 이해하려고 해도 안 되는, 만나면 짜증만 나는 그런 사람과 친하게 지내지 않는 건 어디까지나 개인의 자유야. 그러나 친하게 지내지 않는 것과 집단으로 따돌리는 것은 전혀 다른 문제지.

여전히 따돌림을 당하는 사람에게 문제가 있다고 여긴다면, 이렇게 생각해 보자. 여울이네 반에 왕따를 당하는 친구가 있는데, 그 친구가 견디다 못해 전학을 갔어. 이제 너희 반은 따돌림 없는, 화목하고 평화로운 반이 될까? 그렇지 않다는 걸 너도 잘 알 거야. 이제 새로운 친구가 왕따가 되겠지. 그게 네가 될 수도 있고. 교실에는 '왕따 의자'가 놓여 있어. 그 의자의 주인은 따로 정해져 있지 않아. 누구든 그 의자에 앉을 수 있지. 어제까지 앉았던 친구가 떠나면 다른 누군가가 그 자리에 앉게 돼. 그것이 왕따의 작동 원리야.

우리가 따돌림을 당하는 친구의 편에 선뜻 서지 못하는 것도 그 때문이지. 자칫 그 친구의 편을 들다 내가 그 의자에 앉게 될지도 모르니까. 〈우리들〉에서 지아가 선을 외면한 것도 두려움 때문이었어. 결국 집단 따돌림은 나의 두려움을 잠재우기 위해 다른 사람을 희생시

키는 비겁한 행위야. 왕따 피해자가 이후에 더 가혹한 가해자가 되는 이유도 여기에 있지.

한때 피해자였던 친구들이 꼭 명심할 게 있어. '전에 내가 당했으니까 나도 똑같이 해야지'라는 생각을 버려야 해. 이런 생각은 자기에게도 해롭고 타인에게도 해로워. 타인은 공격을 받는 당사자이니 당연히 해롭겠지만, 자기에게는 왜 해롭냐고? 늘 적대감을 품고 산다고 생각해 봐. 마음이 얼마나 황폐하겠어?

왕따당하는 친구를 돕고 싶다면 어떻게 해야 할까? 왕따가 어떻게 시작되는지부터 생각해 보자. 왕따는 대개 뒷담화에서 시작해. 다른 사람을 뒤에서 흉보는 거 말이야. 작은 무리에서 그 자리에 없는 사람에 대한 얘기가 나오면 평가는 대개 두 번째 발언에 의해 결정되는 경향이 있어. 다시 말해서 누군가 어떤 사람을 좋지 않게 얘기했을 때 두 번째로 말하는 사람이 그 얘기에 맞장구치면 집단이 그 사람을 나쁘게 보기 시작한다는 거야. 반면에 두 번째 사람이 긍정적인 평가를 하면 앞서 나온 부정적 평가는 상당 부분 힘을 잃게 돼. 그러니까 두 번째로 말하는 사람이 열쇠를 쥐고 있는 셈이지. 따돌림이나 괴롭힘이 벌어지는 상황에서 피해자를 옹호하거나 도우면 약 57%가 10초 이내에 괴롭힘을 멈춘다는 연구 결과도 있어. '가해 행동'을 막는 '방어 행동'이 그만큼 중요하다는 뜻이지.

따돌림을 당하는 친구를 적극적으로 돕지 못해도, 따돌림이 시작

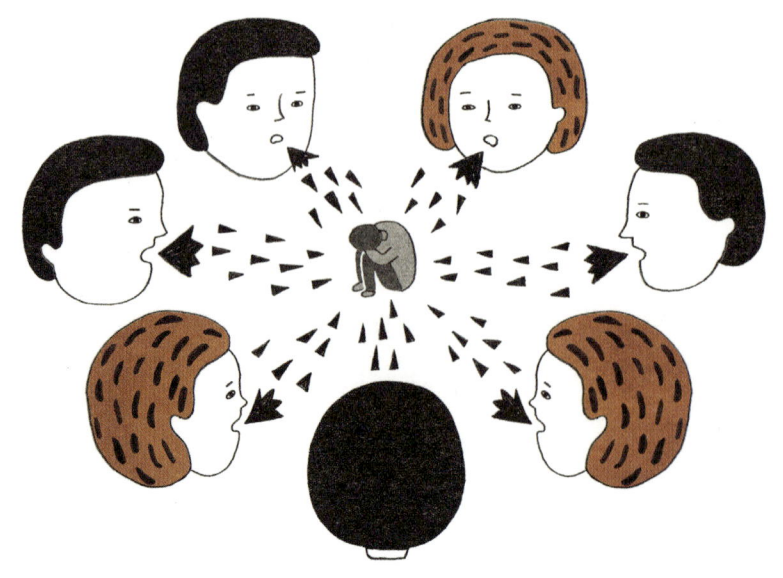

되기 전에 뒷담화의 고리는 끊을 수 있겠지? 그조차 할 수 없다면 최소한 뒷담화에 참여하지 말아야 해.

롤러코스터가 움직이기 시작하면 멈춰 세우기 어려워. 정상에서 수직으로 떨어지는 롤러코스터는 떨어지는 힘으로 계속 나아가니까. 왕따도 마찬가지야. 일단 시작하면 멈추기 어려워. 애초에 왕따라는 열차를 출발시키지 말아야 해. "그럼 언제 놀아? 친구가 때리고, 나도 때리고, 친구가 때리고……, 나 그냥 놀고 싶은데" 〈우리들〉에서 어린 동생이 했던 말, 기억나지? 내가 당했으니까 너도 당해 봐라, 그런 생각은 끝없이 왕따를 낳을 뿐이야. 놀 시간도 부족한데, 부족한 시간을 쪼개서 친구를 괴롭힐 이유가 있을까? 내가 괴롭힘을 당하지 않으려면 나도 친구를 괴롭혀서는 안 돼.

생각 더하기

민주주의와 다양성

우리가 먹는 바나나가 무슨 품종인 줄 아니? 캐번디시(Cavendish) 품종이야. 전 세계 바나나의 95% 이상을 차지하지. 사실 캐번디시보다 더 진하고 달콤한 바나나 품종이 있었어. 바로 그로스 미셸(Gros Michel)이야. 그런데 그로스 미셸은 1960년대에 파나마 병으로 사라졌어. 품종이 하나밖에 없다 보니 다른 종과 교배할 수 없었고, 파나마 병 같은 치명적 역병이 돌자 아예 씨가 말라 버린 거야.

그런데 바나나에 또다시 위기가 찾아왔어. 기존의 파나마 병보다 더 강한 신종 파나마 병이 유행하고 있거든. 중국과 동남아시아에는 이미 퍼졌고, 중동과 아프리카에도 번지기 시작했어. 다행히 아직까지 최대 바나나 생산지인 중남미에는 전염되지 않았어. 중남미까지 무너지면 캐번디시도 사라질 수 있지. 문제는 캐번디시를 대체할 바나나 품종이 마땅히 없다는 점이야. 그래서 앞으로 바나나를 먹지 못할지도 몰라.

바나나 이야기를 꺼낸 건 민주주의에 대해 말하기 위해서야. 민주주의(民主主義)는 말 그대로 국민(國民)이 주인(主人)인 정치 체제야. 그렇다면 주인인 국민 다수의 의견에 따라서 국가를 통치해야겠지? 그래서 민주주의는 다수결을 중시해. 그렇다고 전적으로 다수의 의견만을 절대화해서는 곤란해. 숫자로 밀어붙이는 게 민주주의가 아니거든. 민주주의에서 다수의 힘이 정당하고 평화롭게 행사되려면 다원주의와 함께 가야 해. 이게 무슨 말이냐고?

다수결이 커다란 한목소리라면 서로의 다름을 인정하는 다원주의는 작은 여러 목소리야. 민주주의는 커다란 한목소리가 주선율이 되고 다른 여러 목소리가 화음으로 조화를 이루는 합창과 같지.

약자나 소수자에 대한 차별과 배제의 문제를 다수결의 관점으로 접근하면 해결하기 어려워. 약자나 소수자는 대개 소수이니까. 이 문제는 소수를 배려하고 차이를 인정하며 다양성을 추구하는 다원주의 관점에서 바라봐야 해. 차이, 다양성 등의 가치가 왜 중요할까? 바나나의 사례처럼 종(種)이 다양해야 생태계가 건강하게 유지되잖아. 사회도 마찬가지야. 여러 다양한 사람들이 제 목소리를 당당하게 낼 수 있어야 사회가 건강하게 유지되고 발전할 수 있어. 이것이 민주주의의 진정한 가치란다.

사회에서 일어나는 차별

| 여성 차별 | **여대생, 여배우, 여의사, 여직원, 여선생**

| 노동 차별 | **비정규직 주제에**

| 청소년 노동에 대한 차별 | **어린놈이 무슨 근로 계약서야!**

| 혐오 표현 | **맘충, 급식충, 틀딱충, 알바충**

생각 더하기_한국 사회에서 여성으로 살아가기

맘충 같은 말을 쓰기 전에
한 번만 생각해 보면 좋겠어.
우리 모두에게 엄마가 있다는 사실을,
엄마 덕분에 내가 존재한다는 사실을 말이야.

여대생, 여배우, 여의사, 여직원, 여선생

"엄마, 남녀평등을 주장하는 게 왜 역차별이야?"

책가방을 내려놓기 무섭게 네가 씩씩대며 질문했지. 오늘 학교에서 성 평등 문제를 토론했다고? 토론 중에 남학생들이 여권 신장*에 대해 강하게 반론을 폈고, 여성의 권리를 보장하는 조치들이 오히려 남성에 대한 역차별을 낳는다고 주장했다지? 그런 주장에 제대로 반격하지 못해 몹시 속상했다는 네 말에 이 편지를 쓰게 됐어.

여권 신장 여성의 사회상·정치상·법률상의 권리와 지위를 늘리는 일.

역차별이란?

차별당하는 쪽을 보호하는 제도나 장치로 인해 오히려 반대쪽이 차별받는 현상을 뜻해. 대학 입학 때 흑인 또는 히스패닉(중남미계 미국 이주민)에게 가산점을 주거나 일정 비율을 할당하는 미국 대학의 정책이 자신들을 향한 또 다른 차별이라고 한 일부 백인 학생들의 주장이 대표적이지.

네 또래는 남학생이든 여학생이든 신체적으로 큰 차이가 없지. 오히려 여학생이 남학생보다 키가 크고 힘도 세며, 말도 조리 있게 잘해서 남학생을 꼼짝 못 하게 하는 경우가 더러 있다고 들었어. 그래서 너희 나이에는 '여자가 남자보다 더 차별받는다'는 사실을 잘 체감하지 못할 거야. 네가 남학생들의 역차별 주장에 제대로 반론을 펴지 못한 것도 그 때문이었을 거고.

그러나 여성에 대한 차별은 엄연히 존재한단다. 예전에 비해 여권이 크게 신장되었다고는 하지만 사회 인식은 물론, 관습, 법, 제도, 문화 등 다방면에서 차별은 여전하지. 가장 흔히 만날 수 있는 차별은 직업이나 역할 등을 지칭할 때 '여' 자를 붙이는 거야. 몇 가지 예를 들어 볼게. 서울고등학교, 경기고등학교, 광주고등학교…… 어느 지역이나 그 지역의 이름을 딴 학교가 있어. 그런데 이런 학교들은 전부 남자 학교이거나 남녀 공학이야. 여자 학교는 따로 '여자'를 붙이지.

그뿐만이 아니야. 여경(여성 경찰), 여대생, 여교사, 여선생, 여교수, 여배우, 여가수, 여의사, 여기자, 여사장, 여직원, 여검사, 여성 장관, 여성 감독, 여류 작가 등 여성만 유독 성별을 따져 불러. 반대로 남경, 남대생, 남교사, 남선생, 남교수, 남배우, 남가수, 남의사, 남기자, 남사장, 남직원, 남검사, 남성 장관, 남성 감독, 남성 작가라는 말은 잘 쓰지 않아. 여성에게만 '여' 자를 붙이는 이유는 그 직업을 가진 사람이 대부분 남성이라고 생각하기 때문이야. 남성 중심 사고에서 생겨난 말이지.

현실이 많이 바뀌었는데, 너무 침소봉대*하는 것 아니냐고? 과연 그럴까? 엄마가 든 예가 단순히 명칭의 문제에 불과한 걸까?

2014년 공군 사관 학교에서 이런 일이 벌어졌단다. 수석으로 졸업한 여학생에게 1등상이 아닌 2등상을 수여하려고 했어. 수석은 성적이 가장 좋다는 뜻이지. 당연히 성적이 가장 좋은 사람이 1등상을 받아야 하는데, 여성이 1등을 하니 웃지 못할 해프닝을 벌인 거야. 공군 사관 학교는 이 일이 크게 논란이 되자 급히 여학생에게 1등상을 줬어. 불과 4년 전에 있었던 일이야. 이게 우리의 현실이란다. 사기업도 아닌 군대 조직에서 이런 말도 안 되는 일이 벌어진다고 생각하니 씁쓸할 따름이야.

과거에 비해 여성 장관이나 국회 의원이 늘어난 건 사실이지만, 여전히 우리 사회의 많은 분야에서 중요 직책을 맡은 여성의 비율은 적어. 100대 기업의 여성 임원 비율이 고작 2.3%에 불과하지. 세계 평균(13.6%)의 6분의 1 수준이야.(여성 가족부, 2016년)

'유리 천장'이라는 말이 있어. 여성의 고위직 승진을 가로막는 보이지 않는 장벽을 뜻해. 세상은 여자들이 마음껏 능력을 펼치도록 놔두지 않아.

침소봉대 작은 일을 크게 불리어 떠벌림.

"(저희 회사) 승진 발표가 있었어요. 대리가 된 사람들은 남성 여성 5:5, 과장이 된 사람들은 남성 여성 6:4, 차장이 된 사람들은 남성 여성 7:3, 부장은 남성 여성 9:1. (여성인) 저는 언제까지 살아남을 수 있을까요?"

2017년 시민 단체 한국여성민우회에서 '세계 여성의 날(3월 8일)'을 맞아 트위터로 진행한 '#왜 때문이죠?'라는 행사에서 많은 리트윗을 받은 글 중 하나야.

남성들은 '유리 천장'이 거의 사라졌다고 생각할지 모르지만, 여성들이 피부로 느끼는 차별의 벽은 여전히 높고 두터워. 여울이 너는

아직까지 그 벽을 실감하지 못하겠지만, 한 살 두 살 나이를 먹어 갈수록 그 벽을 강하게 느낄 거야.

일례로 성별 임금 격차를 보면 남성은 여성보다 평균 36.7%의 임금을 더 받아.(OECD, 2016년) 쉽게 말해, 남성이 100만 원을 받을 때 여성은 63만 원을 받는 거야. 경제협력개발기구(OECD) 회원국 중에서 우리나라의 성별 임금 격차는 최하위 수준이지. 덴마크, 노르웨이, 헝가리 등은 이 격차가 10% 미만이야. OECD는 2000년부터 성별 임금 격차에 대한 통계를 작성했는데, 이 부문에서 우리나라는 16년 이상 부동의 1위를 지키고 있어. 참 희한하지? 우리나라는 여성의 대학 진학률이 남성(66.3%)보다 7.2%나 높은 73.5%인데 말이야.(2016년 기준)

물론 이런 반론도 있을 수 있어.

"지금과 달리 과거의 대학 진학률은 남성이 훨씬 높았다. 그러므로 기성세대만 놓고 보면 남성이 여성에 비해 학력이 높고 능력도 우월하다고 할 수 있다. 그 결과 남성이 여성보다 임금을 많이 받는 것이다. 그런 차이를 무시하고 일방적으로 여성의 임금만 올린다면, 이는 남성에 대한 역차별이다."

어때, 여울아? 너는 이 생각에 동의하니? 엄마는 그러기 어렵구나. 과거에 여성이 남성에 비해 대체로 교육을 받지 못한 건 사실이야. 하지만 그게 여성 개인의 잘못은 아니잖아. 그건 '여자가 공부해서 뭐하냐?'고 생각했던 그 시대 사람들의 편견에서 빚어진 결과였어. 집안에서 아들, 혹은 맏이가 대학에 가면 나머지 형제자매들은 뒷바라지에 동원됐지. 따라서 교육받지 못한 여성들은 잘못된 시대의 피해자라고 볼 수 있어.

엄마는 두 종류의 사회가 있다고 생각해. 피해자에게 잘못의 책임을 지우는 나쁜 사회와 피해자를 구제하고 가해자를 처벌하는 정의로운 사회. 그렇다면 우리 사회는 어떨까? 대학을 나오지 못한 책임을 여성 개인에게 돌려서 임금 격차를 당연하게 여기는 사회라면 전자에 가깝겠지? 덴마크나 노르웨이라고 과거에 성차별이 없었겠어? 그 나라들도 과거 여성들의 대학 진학률은 낮았을 거야. 다만, 그것을 개인의 탓이 아닌 사회 문제로 인식해서 격차를 줄이려고 노력해 온 거지.

네가 그랬지? 미래에는 더 나아지지 않겠냐고. 엄마도 그렇게 되길 바라. 그러나 시간이 흐른다고 세상이 저절로 좋아지는 건 아니란다. 가만히만 있으면 아무것도 바뀌지 않아. 가령 현재 개발된 AI(인공 지능)들의 이름을 볼까? 애플의 음성 인식 비서 '시리'는 개발자 대그 키틀로스가 알던 노르웨이 출신의 실존 여성 이름이야. MS의 지능형 개인 비서 '코타나'는 비디오 게임 '헤일로'에 나오는 여성 인공 지능 캐릭터 이름에서 따왔어. 아마존의 음성 인식 비서 '알렉사'도 여자 이름이지. 반면 2011년 유명 퀴즈쇼에서 인간 챔피언을 이기고, 최근 암

진단 등 여러 분야에서 맹활약 중인 IBM의 AI는 남자 이름인 '왓슨'이야.

한마디로 말해서 단순 기능을 수행하는 AI는 여성으로, 인간과 어깨를 나란히 할 만한 능력을 갖춘 AI는 남성으로 규정한 거야. 미래를 대표하는 첨단 기술인 AI조차 남성 우월주의를 벗어나지 못한 셈이지. 비서는 여성이, 의사는 남성이 많은 현실을 반영한 거라고 반론할 수는 있겠지만, AI라는 미래 기술이 지금 우리 사회의 현실을 그대로 반영할 필요는 없잖아? 여기서 우리는 미래가 현재의 연장이라는 점을 확인할 수 있어. 우리가 현재를 바꾸려고 하지 않으면, 미래는 현재와 다르지 않을 거야.

우리 여울이처럼 여성의 권리를 중요하게 생각하는 사람이 많아질수록 세상은 더 나아질 거야. 여권 신장을 마치 남성의 권리를 깎아내리는 것으로 착각하는 남성들이 있지만, 그런 착각은 문제의 본질을 흐릴 뿐이야. 여성의 권리를 중요하게 생각하는 게 여성이 남성보다 우월하다는 뜻이 아니거든. 여성에게도 남성 못지않은 능력이 있고, 그 능력을 동등하게 펼칠 수 있어야 한다는 거지. 또 누구나 능력과 상관없이 존엄한 인간으로 존중받아야 한다는 뜻이기도 해.

학교에서 네 번호가 54번인 이유가 뭘까? 남학생은 1번부터, 여학생은 51번부터 번호를 매기기 때문이지. 엄마가 주변 사람들에게 확인해 보니까, 그런 학교가 많다고 하더라. 남성이 여성보다 먼저인 사례

는 또 있어. 남성의 주민 등록 번호는 1로 시작하고 여성은 2로 시작하지. 참고로, 2000년대 이후 태어난 남자아이는 3, 여자아이는 4로 시작해.

여성이 남성보다 앞선 번호를 받아야 한다는 말이 아니야. 엄마 생각은 굳이 여성과 남성을 구분할 필요가 있냐는 거지. 서울 목동고, 인천 신현고, 전북 한별고, 충남 온양한올고……. 이전의 학교명에서 '여자'를 뺀 학교들이야. 이처럼 바꾸려고 마음먹으면 얼마든지 바꿀 수 있단다. 세상이 바뀌지 않는 건 바꾸려고 하지 않아서라는 걸 잊지 말렴.

비정규직 주제에

여울이는 커서 작가가 되고 싶다고 했지? 겨울이는 화단에서 제 손으로 방울토마토를 기른 후부터 농부가 되고 싶어 하고. 앞으로 많은 것들을 접하고 만나면서 너희의 꿈도 계속 바뀌겠지? 너희가 어떤 꿈을 꾸든지 엄마 아빠는 언제나 너희를 응원할 거야.

세상의 모든 직업에는 저마다 의미가 있어. 그런데 우리는 직업에 높낮이를 두고 차별하지. 어떤 직업이 높고, 어떤 직업이 낮을까? 네가 되고 싶은 작가와 겨울이가 되고 싶은 농부 가운데 더 높은 직업은 무엇일까? 사람들이 특정 직업을 어떻게 바라보는지 알 수 있는 기준이 있어. 바로 그 직업 뒤에 '님' 자를 붙여 보는 거야. '님'을 붙여서 자연스러우면 사람들이 선망하는 직업, 반대로 어색하면 사람들이 낮게 보는 직업으로 구분할 수 있어.

예를 들어 사장, 작가, 피디, 감독, 박사, 교수, 장관, 의사, 판사, 변호사, 국회 의원 등에 '님'을 붙이면 자연스러워. 반면에 겨울이가 되고 싶어 하는 농부나 경비원, 환경미화원, 간병인, 우편집배원, 가사 도우미 등에 '님'을 붙이면 다소 어색하지.

다시 얘기하지만, 농부, 경비원, 청소부, 간병인, 우편집배원, 가사 도우미 등의 직업이 하찮다는 게 아니야. 대개의 사람들이 그렇게 생각한다는 거지. 많은 사람들이 하찮고 보잘것없게 생각한다고 해서, 그 일이 정말 하찮고 보잘것없는 것은 아니란다. 사람들은 값비싼 걸 무조건 값어치 있다고 여기지만, 진짜 가치 있는 것은 때때로 값을 매길 수조차 없거든. 가령 공기처럼 말이야. 누구나 공짜로 숨을 쉬니까 공기를 하찮게 생각하지만, 공기가 없으면 단 몇 분도 살 수 없잖아?

'님'이 붙으면 어색하게 들리는 직업들은 어쩌면 공기와 비슷한 게 아닐까? 없는 듯 있어서 그 소중함을 잊곤 하지만, 사실 없으면 큰일 난다는 점에서 말이야. 환경미화원이 없다고 상상해 봐. 길에 쓰레기가 넘쳐 나고 도로는 오물로 가득하겠지. 치우는 사람이 없으니 세상은 금세 쓰레기로 뒤덮일 거야. 경비원이 없으면 도둑은 누가 막지? 우편집배원이 없다면 편지는 누가 배달하겠어? 농부가 없으면 우리는 뭘 먹고 살까? 여름내 농부가 논밭에서 땀 흘린 덕분에 우리가 먹고 살 수 있어. 도시에 사는 사람들이 가끔 농부의 수고를 하찮게 여기지만, 도시의 풍요는 농부의 피땀이 있기에 가능해. 마트에 진열된 수많은 상품들도 사실은 농촌과 어촌에서 생산된 재료를 공장에서 가

공한 것들이잖아.

직종에 대한 차별도 심각하지만, 더 심각한 차별이 있어. 여울아, 혹시 비정규직이라고 들어 봤니? 아직까지 엄마가 설명해 준 적은 없는 것 같은데, 비정규직은 정규직에 상대되는 말이야. 오늘 하루 동안 네가 만났던 어른들을 한번 떠올려 보렴. 아파트를 나서면서 제일 먼저 경비원 아저씨를 만났을 거야. 학교에서도 학교 보안관, 담임 선생님, 급식 조리사, 방과 후 선생님 등 많은 사람들을 만났겠지. 그런데 이 가운데 담임 선생님 빼고는 거의 대부분이 비정규직이야.

비정규직의 고용 형태는 크게 세 가지 기준으로 나눌 수 있어. 첫째는 계약 기간이야. 쉽게 말해 정규직과 달리 정년이 보장되지 않는 거지. 일용직, 임시직, 계약직 등이 여기에 속해. 학교 보안관이 바로 계약직이지. 둘째는 노동 시간이야. 아르바이트나 파트 타임이 여기에 해당하지. 편의점 아르바이트 노동자가 대표적이야. 셋째는 소속이야. 고용한 회사에서 일하면 정규직이지만, 다른 회사에 파견되거나 용역 회사에 속해 일하면 비정규직이야. 경비원, 급식 조리사 등이 대부분 그래. 이들은 일하는 곳이 아닌 경비 회사나 용역 회사 소속이거든.

간병인, 택배 기사, 방송 작가, 대학 강사, 학습지 교사, 마트 계산원, 보험 설계사, 영화 제작진, 콜 센터 상담원 등 직종과 분야를 가리지 않고 많은 사람들이 비정규직으로 일하고 있어. 우리나라가 100명으로 이루어진 마을이라면, 마을 사람들 가운데 일할 의지가 없거나 일할 능력이 없는 사람은 38명, 일을 해서 돈을 버는 사람은 62명이야. 일해서 돈을 버는 사람 중에 정규직이 30명, 비정규직이 15명, 사업체를 운영하는 자영업자가 15명이야. 나머지 2명은 잠시 일을 그만둔 사람들이고. 정부(통계청) 기준으로 비정규직은 700만 명에 이르지. 노동계 기준으로는 874만 명(2016년 기준)에 달해.

그러면 비정규직이 왜 문제일까? 우선, 비정규직은 고용이 불안정해. 쉽게 말해서 계약 기간이 끝나고 언제 잘릴지 몰라. 정규직과 같

은 일을 하는데 정규직보다 고용이 불안정하다면, 임금을 더 받아야 정당할 텐데 현실은 정반대야. 비정규직은 정규직보다 임금이 훨씬 적어. 가령 기아자동차 노동자들을 보면 비정규직 월급은 같은 일을 하는 정규직의 60% 정도야. 정규직과 같은 일을 하는데도 월급을 더 적게 받는 건 분명한 차별이지.

같은 일터에서 동일한 노동을 했다면 동일한 임금을 받아야 마땅해. 이를 '동일 노동, 동일 임금'의 원칙이라고 한단다. 업무가 동일하다면 나이에 따라, 성별에 따라 임금을 다르게 지불해서는 안 된다는 거야. 또 대학 졸업 여부, 정규직 여부에 따라 다르게 지불해서도 안 돼. 하지만 현실에서는 '동일 노동, 동일 임금'의 원칙이 지켜지지 않고 있지.

임금뿐만이 아니야. 여러 가지 측면에서 차별이 이뤄지고 있어. 비정규직은 건강 보험이나 고용 보험, 국민연금과 같은 사회 보험 가입률이 30~40%에 불과해. 정규직은 80~90%가 사회 보험에 가입돼 있는데 말이야. 보너스, 사내 복지, 경력 계발 지원 등에서도 차별을 받지. 가령 비정규직은 자녀를 직장 내 어린이집에 보낼 수 없어.

여울아, 엄마는 학교에서 '교수님'으로 불려. 그러나 엄마의 진짜 신분은 시간 강사야. 전에 엄마가 너한테 그런 말을 한 적 있지? 예전에 엄마는 대학에서 '예스맨'이었다고. 교수들이 자기 일을 엄마한테 떠밀어도 '예, 예' 하며 시키는 대로 했어. 수업을 대신했고, 학회 발표를 위한 논문 준비를 거들었고, 시험지 채점도 했지. 다 엄마 일이 아니고 교수들 일이었는데 말이야. 재임용되려면, 그러니까 다음 학기에 다시 수업을 맡으려면 교수들에게 잘 보여야 했거든. 교수들이 그 결정권을 쥐고 있으니까.

 그런데 겨울이를 낳고 나서 생각이 바뀌었어. 겨울이한테 어린이집 재롱 잔치에 가겠다고 약속을 했는데, 그 전날 갑자기 한 교수가 다음 날 자기 수업을 대신해 달라고 하는 바람에 약속을 지키지 못했어.

 재롱 잔치에 못 간 그날 대리 수업을 하면서 '내가 왜 이러고 사나, 이러려고 박사가 되었나?' 하는 후회와 절망감이 밀려들더구나. 그때 결심했지. 앞으로는 부탁을 가장한 강요에 절대 응하지 않겠다고. 설사 교수가 되지 못한다고 해도 말이야. 그래서 아직까지 교수가 되지 못했나 싶기도 하지만, 그렇게 결정하길 잘했다고 생각해. 겨울이 덕분에 엄마는 내 삶의 주인이 되었거든.

 엄마 얘기를 길게 한 이유는, 대학 강사로서 경험한 비정규직의 현실을 알려 주고 싶어서야. 잘 모르는 사람이 볼 때는 대학 강사라고 하면, 그럴듯해 보이겠지. 그러나 대학 강사가 처한 현실은 빛 좋은 개살구일 뿐이야. 이처럼 우리 사회에는 모르고 볼 때는 번듯하지만, 실상을 들여다보면 전혀 딴판인 비정규 직종이 아주 많단다. 일은 고되고, 임금은 적은데다 비인간적인 처우까지 감내해야 하지. 비정규

직이 겪는 가장 큰 고통은 불안이야. 계속 일할 수 있을까 하는 불안이 늘 따라다니거든.

   이제까지 우리 사회는 비정규직을 줄이기 위한 노력을 게을리했어. 그저 인건비를 조금 더 아끼려고 정규직을 비정규직으로 바꾸기에 급급했지. 그 결과는 저출산과 사회 양극화로 나타났어. 저출산과 사회 양극화 문제를 해결하지 않으면 우리에게는 더 이상 희망이 없어. 이 문제들을 풀려면 비정규직 문제부터 손봐야 해. 여울이도 엄마와 함께 두 눈 부릅뜨고 사회가 올바른 방향으로 나아가는지 지켜보자꾸나.

양극화를 어떻게 극복할까?

양극화는 말 그대로 중간층이 얇아지고 부유층과 빈곤층의 양극단이 넓어지는 현상이야. 잘사는 사람은 더 잘살고, 못사는 사람은 더 못살게 되는 거지. 양극화가 심해질수록 계층 상승의 기대가 꺾이면서 경제가 활력을 잃게 된단다. 쉽게 말해서 열심히 공부하고 일할 동력이 사라지고 마는 거야. 양극화를 해소하려면 중산층, 즉 중간층이 사회의 허리를 잘 받치고 있어야 해. 중산층이 두터워지려면 양질의 일자리를 늘리고, 부(富)가 부유층에 집중되지 않고 골고루 분배되도록 해야 하지. 이를 '부의 재분배'라고 하는데, 세금과 복지 제도, 기부 등을 통해 이룰 수 있단다.

어린놈이 무슨 근로 계약서야!

여울아, 네가 중고생이 되면 가장 하고 싶은 게 두 가지라고 했지? 하나는 전국 일주고, 또 하나는 아르바이트라고? 전국 일주는 아빠든 엄마든 시간이 되는 사람이 같이 하면 되고, 아르바이트는 혼자 할 수 있으니 언제든 하면 되겠네. 나이 제한은 없냐고? 엄마랑 아빠는 네가 하겠다고 하면 지금도 말릴 생각이 없는데, 법적으로는 제한이 있어.

근로 기준법은 만 15세 이상이면 일을 할 수 있도록 돼 있어. 만 15세면 생일이 지난 중3 정도의 나이지. 그렇다고 15세 미만이 일할 수 없는 건 아니야. 고용 노동부에서 발급하는 '취직인허증'이 있으면 일할 수 있어. 아역 배우처럼 15세 미만의 연예인은 취직인허증을 발급받아야 해. 그런 게 왜 필요하냐고? 청소년이 인격적으로 성장하고 몸과 마음이 잘 자랄 수 있도록 중학교까지 의무 교육을 보장하는데, 그 시간에 일을 하면 교육을 제대로 받지 못하잖아. 그래서 노동을 하더라도 하루에 7시간, 일주일에 40시간을 넘을 수 없게 한 거야.

통계청과 여성 가족부가 발표한 「2017 청소년 통계」에 따르면, 2016년 한 해 동안 11.3%가 넘는 중고생이 아르바이트를 경험한 것으로 나타났어. 중학생은 3.6%, 고등학생은 18.1%였지. 고등학생 5명 중 1명이 아르바이트를 경험한 셈이야. 갈수록 많은 학생이 아르바이트를 하는 추세지. 아르바이트를 하기 전에 꼭 알아 둘 것이 있어. 근로 계약서와 법정 최저 임금이지. 조만간 너도 아르바이트를 할지 모르니, 미리미리 제대로 알려 줘야겠구나.

근로 계약서를 작성하는 것은 사업주가 마땅히 해야 할 의무 사항이야. 근로 계약서에는 임금과 근로 시간 등 근로 조건을 명시해야 해. 근로 계약서를 작성하지 않거나 작성한 후 노동자에게 주지 않으면 500만 원 이하의 벌금을 물어야 한단다. 그런데 현실에서는 잘 지켜지지 않고 있어. 2017년 고용 노동부가 편의점과 패스트푸드점 등 청소년이 주로 일하는 4천여 개의 사업장을 점검한 결과, 56%가 근로 계약서를 작성하지 않았다고 해.

근로 계약서에 담겨야 할 것들

근로 계약서에는 계약 기간(실제 일할 기간), 근무 장소, 업무 내용, 휴게 시간(4시간 연속 근무시 30분 이상)을 포함한 근로 시간(근로 시작 시간과 종료 시간), 근무일, 임금의 구성 항목과 계산 방법, 지급 방법, 임금 지급일, 휴일, 퇴직금과 퇴직에 관한 사항 등을 명시해야 해.

주연이 아줌마 아들 서원이가 고1인데, 지난 방학 때 아르바이트를 하려고 동네 편의점을 찾아갔대. 그런데 편의점 사장이 "아르바이트생과 계약서 쓴다는 말은 처음 들어 본다"며 글쎄, 근로 계약서 작성을 거부했다고 하더라. 이런 경우에 너라면 어떻게 할래? 아무리 요구해도 계약서를 써 주지 않는 사장을 만난다면 말이야. "부모님께서 근로 계약서를 가지고 오라고 하셨다", "선생님께서 계약서를 가져 와야 야간 자율 학습에서 제외해 준다고 하셨다" 등 어떤 구실을 만들어서라도 어떻게든 근로 계약서를 받아야 해. 그게 어려울 때는 근무한 내용을 매일 자세하게 기록해 두는 게 좋아. 그래야 나중에 문제가 생겼을 때 증거 자료로 활용할 수 있거든.

아르바이트를 하다 보면 본의 아니게 다칠 수 있어. 이때 청소년도 산업 재해 보상 보험(산재 보험)을 통해 보상받을 수 있지. 산재 보험은 일을 하다 부상을 당하거나 질병이 발생하거나 사망했을 때 국가가 보상해 주는 보험 제도야. 아르바이트 기간이 짧아도 상관없어. 단 하루, 한 시간

을 일해도 보상받을 수 있단다. 뿐만 아니라 일하는 곳이 산재 보험에 가입돼 있지 않아도 상관없어. 다만, 보상 대상이 근로 계약에 따른 업무를 하던 중 발생한 사고에 한하기 때문에 계약서가 있어야 해. 이래서 근로 계약서가 중요한 거야. 임금을 받지 못하는 등 부당한 대우를 받았을 때도 계약서가 없으면 제대로 대응하기 어렵지.

법정 최저 임금 제도도 있어. 노동자의 생활 안정을 위해 임금의 최저 수준을 법으로 정한 제도지. 2018년 법정 최저 임금은 7530원이야. 청소년이든 성인이든 노동자에게 최저 임금보다 적은 임금을 지급한 경우 3년 이하의 징역 또는 2천만 원 이하의 벌금에 처해져. 최저 임금에 못 미치는 임금을 받거나 임금을 아예 받지 못한 경우에는 지방 노동청에 신고하면 돼.

최저 임금보다 낮은 임금을 받는 것으로 근로 계약서를 작성했더라도 상관없어. 계약서의 내용이 이미 법을 어긴 것이기 때문에 계약의 효력이 없거든. 따라서 최저 임금에 못 미치는 임금만큼을 추가로 받을 수 있어. 법적으로는 이것도 임금 체불(임금을 주지 않는 것)에 해당하지.

그런데 현실에서 이런 제도가 잘 지켜지지 않고 있어. 기본적으로 청소년이든 성인이든 노동자의 권리에 대한 인식이 낮은 게 문제야. 사업주도 마찬가지고.

"당신은 노동자인가요?"

이렇게 물으면 선뜻 그렇다고 대답하는 사람이 많지 않아. "글쎄 노동자인가요?"라고 되묻거나 "생각해 본 적 없어요"라고 대답하지. 보통 육체노동자 혹은 생산직 노동자만을 노동자라고 생각하는 경향이 있어. 이런 생각은 노동자를 무시하는 태도로 이어지지. 예전에는 생산직 노동자를 '공돌이, 공순이'라고 놀림조로 부르기까지 했어.

공장에서 일하는 사람만이 노동자일까? 그렇지 않아. 우리는 대부분 노동자의 자식이고 노동자가 될 거야. 사무실에서 일하는 이들을 흔히 관리자라고 부르지만, 이들도 예외 없이 노동자야. 단지 노동의 성격이 육체노동이냐 정신노동이냐로 다를 뿐이지.

대부분의 사람이 노동자이면서도, 노동자의 권리에 무관심하고 자신이 노동자라는 의식도 부족해. 불법 파업이니 과격 노조니 하며 노동자들의 정당한 권리 행사를 삐딱하게 비틀어 말하지. 학교도 그렇게 가르치고 언론도 그렇게 떠드니까 그런 선입견이 생긴 거야.

혹시 '노조'라는 말 들어 본 적 있어? 노조는 노동조합의 줄임말인데, 노동자들이 자신의 사회·경제적 지위를 향상할 목적으로 만든 단체야. 우리 사회는 노동조합을 파업만 하는 과격 단체로 낙인찍는 경향이 있어. 예를 들어, 1989년에 학교 선생님들이 전국 교직원 노동조합(전교조)을 처음 만들었어. 그 과정에서 2000명의 교사가 해직되는 아픔을 겪었지. 그런데 20여 년이 지난 지금까지도 노조에 대한 부정적인 인식이 커서 교원 노조 가입률이 15% 수준에 불과해. 핀란

드는 교원 노조 가입률이 98%에 이르는데 말이지.

우리는 경제만 발전하면 선진국이 된다고 생각해. 그러나 선진국은 경제는 물론이고 시민의 권리와 자유가 신장한 나라란다. 노동조합을 설립하는 것은 시민의 기본적 권리에 속해. 우리 헌법 33조가 노동 3권(단결권, 단체 교섭권, 단체 행동권)을 보장하는 이유야. 이 권리들은 모두 노동조합이 주체가 돼서 누릴 수 있어.

다시 아르바이트 얘기로 돌아오면, 아르바이트를 노동이 아닌 가욋일로 생각하는 경향이 있어. 국어사전은 아르바이트를 '본래의 직업이 아닌, 임시로 하는 일'로 정의하지. 그러나 아르바이트 하는 사람을 그저 용돈을 벌려고 혹은 경험 삼아 임시로 일하는 사람이라고 축소해서는 안 돼. 용돈이 아니라 생계 때문에 아르바이트를 하는 사람도 많으니까. 알바'생'이라는 표현 자체가 문제야. 학생이나 청소년

가욋일 필요 밖의 일.

선진국에서는 교원 노조가 합법!

전교조가 합법 단체로 인정받은 데에는 선진국의 입김도 크게 작용했어. 우리나라는 1996년에 선진국 클럽으로 불리는 경제협력개발기구(OECD)에 가입했는데, 당시 OECD에 가입한 28개 회원국은 모두 교원 노조를 인정했어. 교원 노조를 불법으로 몰아 탄압한 나라는 우리나라가 유일했지. 이후 정부가 교원 노조의 합법화 논의에 본격적으로 나섰단다. 공무원의 노조 활동을 금지하는 우리나라와 달리 선진국에는 경찰 노조, 소방관 노조, 판사 노조가 있어. 독일에는 심지어 군인 노조도 있지.

만 아르바이트를 하는 게 아니잖아? 생활비와 대학 등록금 등을 벌려고 일하는 성인도 많아. 알바생이란 표현은 경험 삼아 일하는 학생이니 인격을 무시하거나 법을 위반해도 괜찮다는 편견을 조장할 수 있지. 알바생이 아니라 '아르바이트(알바) 노동자'라고 부르는 게 맞아.

노동자의 권리, 특히 청소년 노동자의 권리에 대한 사업주의 의식이 부족한 편이야. 어리기 때문에 함부로 해도 된다고 생각하지. 청소년 아르바이트를 노동보다 일탈로 보는 시선도 커. 사업주는 자신이 위법을 저질러도 일탈한 청소년이기에 문제 삼기 어려울 거라고 생각해. 아르바이트를 한다고 비행 청소년은 아니야. 청소년 아르바이트를 일탈로 보는 왜곡된 시선은 사라져야 해.

어린이나 청소년에게 노동에 대한 교육이 필요해. 중고생이 되면 일부는 아르바이트를 할 테고, 성인이 되면 대부분 노동자로 살아갈 테니까. 개인 사업을 하지 않는 이상 누군가에게 혹은 어딘가에 고용되어 일할 거야. 이것만으로도 노동 교육을 해야 할 필요성은 충분해. 대부분의 선진국이 학교에서 노동 교육을 실시하고 있어. 심지어 초등학교에서도 노동의 가치와 중요성, 노동자의 권리, 노동조합의 필요성 등을 가르친단다. 직접 노조를 방문해서 노조가 왜 필요한지, 무슨 일을 하는지 등을 체험을 통해 배우기도 해. 이런 교육은 노동자가 좀 더 살기 좋은 세상을 만드는 첫걸음이란다.

맘충, 급식충, 틀딱충, 알바충

"어느 날 아침 그레고르 잠자가 불안한 꿈에서 깨어났을 때, 그는 침대 속에서 한 마리의 흉측한 벌레로 변해 있는 자신을 발견했다."

프란츠 카프카의 《변신》이라는 작품의 첫 문장이야. 예전에 엄마가 말한 적이 있던가? 엄마가 제일 좋아하는 작가가 프란츠 카프카라고. 《변신》은 어느 날 깨어 보니 벌레로 변한 한 남자의 비극을 그린 소설이지. 너에게 《변신》의 이야기를 꺼낸 이유는, 우리 사회에도 벌레로 변한 사람들이 있어서야.

한남충, 일베충, 급식충, 틀딱충, 흡연충, 알바충, 고시충, 지방충, 진지충……. 언제부터인가 우리 사회에 온갖 벌레들이 들끓고 있어. 이 중 압권은 맘충이야. 혹시 맘충이란 말 들어 본 적 있니? 맘충은 엄마를 뜻하는 영어 단어 'mom'과 한자어 '蟲(벌레 충)'을 합친 말이야. 아이 엄마를 벌레에 비유한 표현이지. 애초에 자기 아이밖에 모르는 아이 엄마를 뜻하는 말이었지만, 최근에는 육아를 힘들어하는 엄마,

심지어 아이를 집 밖에 데리고 나오는 엄마를 가리키는 표현으로도 쓰이고 있어.

엄마는 너희 둘을 키운 사람으로서 맘충이란 단어를 도저히 이해하지 못하겠어. 죽을 만큼 아픈 고통을 겪고 너희를 낳아 키우는 동안 자고 먹고 싸는 것 무엇 하나 제대로 하지 못했어. 널 낳고 반년 동안은 밤에 3시간 이상 내리 자 본 적이 없는 것 같아. 대부분의 엄마들이 엄마처럼 시도 때도 없이 젖 달라고 보채고, 도무지 알 수 없는 이유로 밤새 울어 대는 아이와 씨름하지. 직장도, 꿈도, 자기 생활도, 자기 이름(아이가 태어나는 순간부터 이름 대신 '누구누구의 엄마'로 불리니까)도 포기한 채 그렇게 살아.

그랬더니 어느 순간 벌레가 돼 버렸어. 밤새 아이와 씨름하다 낮 시간에 잠시 아이를 데리고 카페에 앉아 시간을 보내면 남편이 벌어다 주는 돈으로 놀기나 하는 맘충이 되지. 사람들이 아이 엄마를 맘충이라고 표현하는 이유 중 하나는 공공장소에서 다른 사람에게 피해를 주기 때문이래. 엄마들은 시도 때도 없이 울고 싸고 먹는 아이 탓에 어쩔 수 없이 피해를 주기 마련이야. 엄마들이 개념 없이 행동하고 싶어서 그런 게 아니지.

아이 엄마도 차 한잔하면서 대화할 수 있잖아? 단 몇 시간이라도 안심하고 아이를 맡길 수 있는 단시간 보육 시설이 있다면, 또는 시간제 아이 돌봄 서비스를 자유롭게 이용할 수 있다면, 아이를 들쳐 업고 카페에서 수다 떠는 일은 훨씬 줄어들 거야. 또 엄마들이 식당 테이블 위에서 기저귀를 갈거나 아무 데서나 수유를 한다며 비난을 받기도 해. 엄마도 지하철역 화장실에 걸터앉아서 너에게 젖을 물린 적이 있단다. 보기 좋은 행동은 아니지만 그게 엄마만의 잘못일까? 기저귀를 갈거나 젖을 먹일 수유 공간 등 당연히 있어야 할 시설이 없는 게 근본적인 문제야. 지하철역이나 공원 등의 공공시설, 마트·백화점 등의 상업 시설, 일정 규모 이상의 건물마다 아이와 엄마를 위한 최소한의 편의 시설을 갖춘다면, 아무 데서나 기저귀를 갈거나 젖을 먹이지는 않겠지.

이런 게 민폐라면 해결책은 엄마들을 집 안에 가둬 두는 것이겠지?

물론 말이 안 되는 얘기야. 맘충은 앞선 편지에서 이야기한 미혼모와 거의 비슷한 처지에 놓여 있어. 앞에서 설명한 것처럼 아이가 생기려면 여자와 남자 두 사람이 있어야 해. 그런데 피임을 하지 않은 잘못을 모두 여성에게만 떠넘기고 미혼모라는 주홍글씨를 새겨 비난하지. 맘충도 비슷해. 여성에게 육아를 전적으로 떠맡긴 채 그에 따라 생기는 문제에 대해 비난의 화살을 퍼붓는 거야.

공공장소에서 민폐 아닌 민폐를 끼치는 엄마들도 한때는 직장인이었을 거야. 혹시 '경단녀'라는 말을 들어 본 적 있니? '경력 단절녀'의 줄임말인데, 결혼이나 육아 때문에 직장을 그만둬 경력이 단절된 여성을 뜻하는 말이야. 엄마가 찾은 자료 중에 한국 보건 사회 연구원이라는 곳에서 발표한 「2015년 전국 출산력 및 가족 보건 복지 실태 조사」라는 게 있어. 그 자료에 따르면, 첫째 출산 전후 6개월간 취업 중이던 기혼 여성의 경력 단절률이 평균 44.6%에 달했어. 쉽게 말해 엄마 두 명 중 한 명은 경단녀라는 뜻이지. 직종별로 보면 비정규직 노동자는 71.1%, 민간 기업 종사자는 49.8%, 공무원·국공립 교사는 11.2%로 경력 단절에서도 양극화가 뚜렷하게 나타났어.

2016년 기준으로, 육아를 위해 휴직을 신청한 남성은 전체 육아 휴직자의 8.5%에 불과했어. 만약 엄마들 대신 아빠들이 육아 휴직을 신청한다면 어떻게 될까? 공공장소에서 울고 보채는 아이를 달래는 사람, 식당에서 똥 기저귀를 가는 사람이 죄다 엄마일 리 없겠지. 그러면 아빠충이나 파파충 같은 말이 또 생겨날까? 맘충 같은 말을 쓰기 전에 한 번만 생각해 보면 좋겠어. 우리 모두에게 엄마가 있다는 사실을, 엄마 덕분에 내가 존재한다는 사실을 말이야.

맘충 말고도 여성 혐오 표현들은 많아. 된장녀, 김치녀, 김 여사, 성괴, 삼일한 등이 대표적이야. 된장녀는 명품 소비 등 사치를 일삼는 여성, 김치녀는 남성에게 받기만 하는 여성, 김 여사는 운전이 미숙한 여성을 뜻해. 성괴는 성형 괴물이고, 삼일한은 여자는 삼일에 한 번 패야 한다를 줄인 말이야. 2015년 한국 여성 정책 연구원이 조사한 내용에 따르면, 여성 혐오 표현에 공감한다는 남성 응답자의 비율이 54.2%나 됐어. 특히 남자 청소년의 66.7%가 공감한다고 응답했어. 어릴수록 여성 혐오 성향이 더 강하게 나타나고 있음을 짐작할 수 있지.

"페미니스트가 싫다. 그래서 IS가 좋다.(I hate feminist. So I like the isis.)." 2015년 터키에서 실종돼 이슬람 무장 테러 단체인 IS에 가입한 것으로 알려진 18세의 김 군이 트위터에 올린 글이야. 극단적 경우이긴 하지만, 테러 단체에 가입할 이유가 될 만큼 여성 혐오는 심각한 수준에 이르렀어. 최근에는 여성 혐오가 교실까지 점령했어. 앞에서 언급한 표현들 말고도 '니애미', '느금마', '꼴페미', '애미 터졌다', '니 얼굴 실화냐' 등의 혐오 표현이 흘러넘치지. 엄마 입으로 차마 말하기 어려운 성적인 표현들도 난무한다고 들었어.

이런 혐오 표현, 특히 여성 혐오 표현이 증가하는 이유가 뭘까? 우선, 어린 학생들이 재미 삼아서, 혹은 튀고 싶어서 이런 표현들을 무분별하게 쓰기 때문이야. 강한 척해서 또래한테 인정받으려고 약자를 희생양으로 삼는 거지. 성인 남성들도 별반 다르지 않아. 경제 상황이 나빠지고 생존 경쟁이 치열해질수록 사람들은 희생양을 찾지. 취업 전선에서 좌절한 남성들이 손쉽게 찾을 수 있는 혐오의 먹잇감이 바로 여성이야.

여성 혐오가 위험한 이유는 실제 폭력을 동반하기 때문이야. 여성 혐오 범죄의 대표적인 사건이 2016년 서울의 강남역 인근에서 벌어진 살인 사건이지. 이 사건에서 논란이 된 건 범인이 여성만을 노렸다는 점이야. 범인은 남녀 공용 화장실에 숨어 있다가 남성들은 그냥 보내고 불특정 여성에게 범행을 저질렀어. 범인은 "여성들에게 무시를 당해서 범행을 저질렀다"고 진술했지만, 피해자와 직접적인 원한 관계도 아니었기에 그것은 터무니없는 변명에 불과하지. 이 사건에서 특이한 점은 범인이 조현병(정신 분열증) 환자였다는 거야. 쉽게 말해 정신적으로 문제가 있었던 사람이지. 정신 분열증 환자라서 정상적인 사고가 힘들었을 텐데, 어떻게 여성 혐오 범죄를 저질렀을까?

네가 무서워하는 귀신을 예로 들어 보자. 긴 머리카락, 하얀 소복…… 사람들이 봤다는 귀신의 모습이 거의 비슷하다는 게 이상하지 않아? 귀신이 왜 옷을 입고 있을까? 귀신도 집을 나서기 전에 옷을 입냐? 그건 문화마다 일정한 이미지의 귀신이 입에서 입으로 전해 내려오기 때문이야. 환상이나 기적도 문화적 전통에 기대지. 가령 천주교 신자는 성모 마리아의 환상을 보고, 개신교 신자는 예수의 환상을 보고, 불교 신자는 부처의 환상을 보는 식이야.

혐오 범죄도 다르지 않다고 봐. 혐오 범죄는 사회·문화적 환경과 결코 무관하지 않아. 여성 혐오가 강한 사회라면 여성을 범죄의 대상으로 삼을 가능성이 높고, 흑인 혐오가 강한 사회라면 흑인을 범죄의 표적으로 삼을 가능성이 높지. 우리 사회는 전자에 해당해. 강남역 살인 사건도 그렇게 이해할 수 있어. 정신 분열증 환자조차도 우리 사회에 널리 퍼진 혐오 감정을 내면화하고 있는 거야.

"우연히 살아남은 것이다."

사건 이후 강남역 10번 출구에 붙어 있던 추모 글 중 하나야. 한 여성 추모객이 자신도 희생자가 될 수 있었다는 의미로 쓴 글이지. 결코 과장이 아니란다. 강력 범죄 피해자의 88.9%가 여성이니까. 여울이는 아직 어려서 스토킹, 성폭력, 데이트 폭력, 가정 폭력(부부 간 폭력) 등 여성들이 겪는 다양한 폭력을 잘 실감하지 못하겠지만, 여성들은 이러한 폭력에 너무 쉽게 노출되어 있단다. 그래서 혼자 밤길을 걸을 때도, 상가 화장실을 이용할 때도 늘 불안하지.

물론 혐오 표현이 여성에게만 국한되는 건 아니야. 장애인, 이주민, 성 소수자 등 약자도 대상이 돼. 2016년 국가 인권 위원회의 조사를

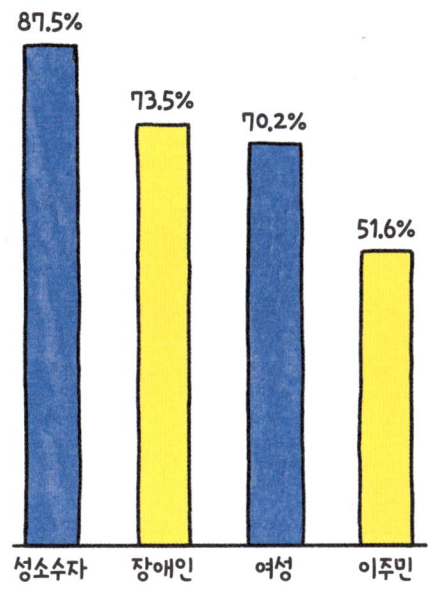

혐오 표현 피해 경험률(국가인권위원회, 2016)

보면 오프라인에서 성 소수자의 87.5%가 혐오 표현 피해를 경험했고, 장애인, 여성, 이주민 순으로 피해 경험이 높았어. 성별, 장애, 인종, 성적 취향 등은 개인이 선택할 수 없어. 이런 것들로 누군가를 욕하고 비난하는 것은 옳지 않아.

  힘없는 이들은 왜 혐오의 대상이 될까? 이유는 간단해. 마음껏 괴롭혀도 후환*이 두렵지 않기 때문이야. 쉽게 말해서 공격해도 보복당할 위험이 없지. 약자에 대한 혐오와 폭력은 대개 강자나 사회에 대한 불만이 대리 표출되는 경우가 많아. 폭력을 저지르는 이들은 인정

후환 어떤 일로 말미암아 뒷날 생기는 걱정과 근심.

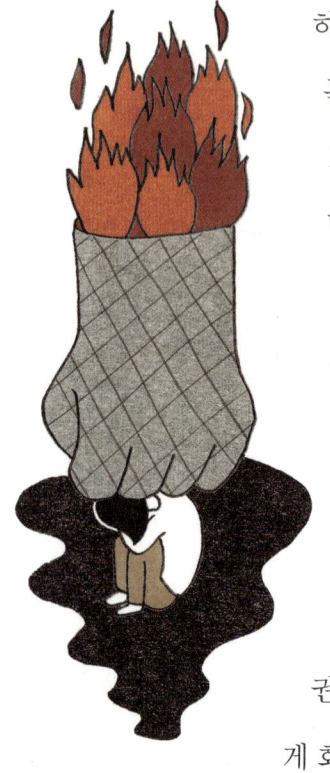
하지 않겠지만, 강자나 사회에 대한 억눌린 분노가 사회의 가장 약한 고리로 향하는 거야. 시인 김수영은 〈어느 날 고궁을 나오면서〉에서 이렇게 썼어.

"왜 나는 조그마한 일에만 분개하는가 / 저 왕궁 대신에 왕궁의 음탕 대신에 (…) 옹졸하게 분개하고 설렁탕집 돼지 같은 주인 년한테 욕을 하고"

여기서 왕궁은 권력을 뜻하고 설렁탕집 주인은 힘없는 보통 여성을 뜻해. 권력에 대한 분노를 권력자가 아닌 약자에게 화풀이하듯 표출했던 거야.

표현의 자유는 존중해야 해. 그러나 그것이 모든 표현을 허용하고 보장한다는 뜻은 아니야. 타인에 대한 증오와 혐오 표현은 자유가 아니라 폭력이지. 다른 폭력들이 그렇듯 언어폭력도 보장해야 할 자유가 아니라 규제해야 할 범죄야. 독일, 영국, 프랑스, 캐나다, 뉴질랜드 등 여러 나라에서는 이미 혐오 표현을 규제하고 있어. 규제나 처벌만으로 문제가 해결되는 건 아니지만, 합당한 처벌은 문제 해결의 최소 조건이 아닐까? 이제 우리 사회도 혐오 표현을 막을 방법을 고민할 시점에 와 있어.

생각 더하기

한국 사회에서 여성으로 살아가기

아버지와 아들이 길을 가다가 교통사고를 당해 아들이 크게 다쳤습니다. 아버지는 아들을 즉시 병원으로 옮기고 수술을 받게 했지요. 수술을 마친 의사는 침대 옆에서 "제발 제 아들을 살려 주세요"라고 간절히 기도했습니다.

의사는 사고당한 젊은이와 어떤 관계이기에 살려 달라고 기도했을까? 잠시 고민해 보렴.

숨겨진 친아버지 아니냐고? 땡! 아니면 뭘까? 정답은 모자지간, 그러니까 엄마와 아들 사이야. 의사는 바로 청년의 엄마지. 아주 간단한 문제 같은데도, 많은 사람들이 정답을 쉽게 맞히지 못해. 정말이냐고? 나중에 친구나 주변 사람에게 퀴즈를 내 봐. 거의 대부분이 정답을 맞히지 못할 거야.

왜 그럴까? 우리 머릿속에 '의사=남자'라는 공식이 껌딱지처럼 단단히 들러붙어 있기 때문이지. 사람들은 '의사'라는 말을 들으면 으레 남자를 떠올리거든. 그도 그럴 것이 남자 의사는 그냥 '의사'로 부르는

데 여자 의사는 꼭 '여의사'라고 부르잖아. 여기에는 '남자 의사'는 당연하지만, '여자 의사'는 특이하다고 보는 생각이 깔려 있지.

 2015년 한국 여성 정책 연구원의 조사 결과 남자 청소년·대학생·취업 준비생·직장인 모두 20~30대 여성을 우리나라에서 가장 혜택 받는 집단이라고 꼽았어. 남자 청소년은 41.3%가 이같이 응답했지. 누구나 타인에게 불만을 가질 수 있어. 그러나 주관적 불만 때문에 객

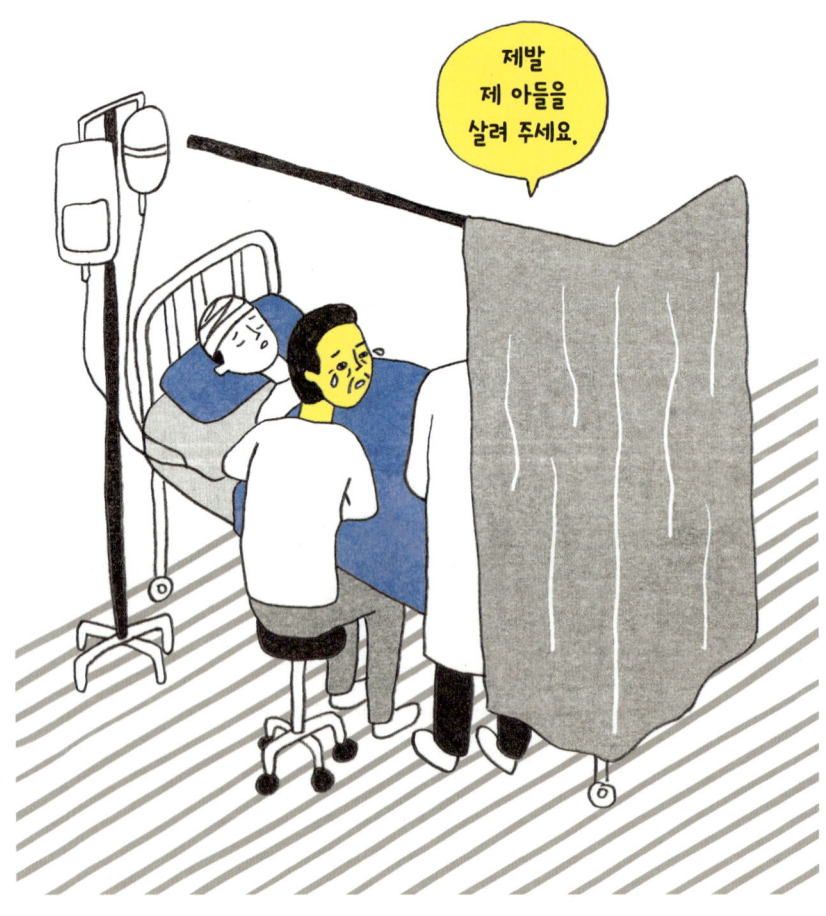

관적 현실을 왜곡하면 안 돼. 남성들의 주관적 불만과 무관하게 우리나라 여성들의 객관적 현실은 앞에서도 말했듯이 아주 열악한 편이야. 가장 혜택 받는 집단이 20~30대 여성이라는 생각은, 그래서 비뚤어진 '착시 현상'에 불과해.

2010년 104위, 2011년 107위, 2012년 108위, 2013년 111위, 2014년 117위, 2015년 115위, 2016년 116위. 세계 경제 포럼 성 평등 지수의 한국 순위야. 이쯤 되면 일부 한국 남성들의 생각이 얼마나 잘못된 것인지 알 수 있겠지? 그들 머릿속에 있는 '혜택 받는' 여성은 우리 사회에 아직 없단다.

사회 밖으로 내던져진 존재에 대한 차별

| 동성애 억압 | **사랑은 여자랑 남자만?**

| 장애인 이동권 | **장애인은 돌아다니면 안 되나?**

| 난민에 대한 편견과 차별 | **난민을 왜 받아들여야 하지?**

| 공장식 축산의 문제 | **동물에게도 권리가 있을까?**

생각 더하기_혐오가 난무하는 사회

누군가의 존재를 인정하는 게

꼭 사회에 도움이 돼서는 아니란다.

타인에게 피해를 주지 않는 이상

누구나 행복을 추구할 권리가 있고,

그 권리는 동성애자를 포함한

모든 사람에게 보장되어야 하지.

사랑은 여자랑 남자만?

〈겨울왕국〉은 여울이가 아주 좋아했던 애니메이션이지? 〈겨울왕국〉의 원작은 동화 《눈의 여왕》이야. 이 동화는 안데르센이 쓴 작품이지. 안데르센은 네게도 익숙할 거야. 《인어공주》, 《미운 오리 새끼》, 《벌거벗은 임금님》, 《성냥팔이 소녀》, 《빨간 구두》 등 네가 어렸을 때 즐겨 읽었던 동화들을 쓴 작가거든.

오늘 편지를 안데르센 이야기로 시작한 이유는 며칠 전 너랑 영화를 보던 중 동성애를 연상시키는 장면에서 네가 '웩' 소리를 내며 인상을 찌푸리던 게 생각나서야. 안데르센이 바로 여울이가 '혐오'하는 동성애자였거든. 여울이만 그런 건 아니고, 많은 사람들이 동성애자를 향해 '더럽다', '역겹다', '호모 새끼', '게이 새끼', '변태 새끼'라며 비난하고 혐오하지. 동성애에 대한 혐오는 뿌리가 깊고 역사도 길어.

여자와 남자가 사랑하는 건 자연스럽고, 여자끼리 혹은 남자끼리 사랑하는 건 부자연스러워 보인다고? 물론 그렇게 보일 수 있어. 이성애자 눈에는 말이지. 그런데 그렇게 따지면 동성애자들 눈에도 이성애자들의 사랑이 부자연스러워 보이지 않을까? 서로가 상대방의 사랑을 부자연스럽다며 비난하거나 적대감을 표현하는 게 무슨 의미가 있을까? 사랑이란 감정의 문제이고, 감정은 옳고 그름을 판단해서 막을 수 있는 게 아닌데 말이야. 그래서 동성애를 이해할 수 없더라도 인정할 줄 알아야 해. 그러기 위해서는 동성애에 대한 편견부터 깨야겠지?

정말로 동성애자들이 비정상이거나 변태일까? 안데르센 말고도 우리가 아는 유명인 중에 동성애자들이 많아. 철학의 아버지 격인 소크라테스, 역사상 가장 큰 영토를 지배한 알렉산더 대왕, 르네상스

의 거장 레오나르도 다빈치와 미켈란젤로, 노벨 문학상을 수상한 작가 앙드레 지드, 컴퓨터와 인공 지능의 초석을 닦은 수학자 앨런 튜링……. 물론 이들 외에도 많은 위인과 유명인이 동성애자였어. 왜냐하면 동성애자는 극소수가 아니기 때문이야.

동성애자를 극소수라고 보는 견해는 맞지 않아. 미국의 경우 전체 인구의 4.1%가 동성애자이거든.(갤럽, 2016년) 25명 중 한 명 꼴이지. 대체로 전체 인구의 5~15%가 성 소수자라고 해. 성 소수자는 동성애자 말고도 남녀 양성에게 성적인 매력을 느끼는 양성애자, 성전환자 등을 포함하지.

동성애를 반대하는 사람들 중에는 동성애가 자연의 섭리를 거스르는 행위이기 때문에 인정할 수 없다고 해. 그럼 이성을 사랑하는 것은 과연 자연의 섭리일까? 자연계를 대표하는 동물 가운데 동성애를 느끼는 종은 무려 1500여 종에 달해. 기린은 전체 짝짓기 행위 중 무려 94%가 수컷 간에 이뤄져. 흑고니도 전체의 1/4이 수컷 동성애 쌍이야. 인간과 비슷한 유인원도 마찬가지란다. 수컷과 암컷 모두 동성애를 느끼지.

너는 너의 모습, 너의 감정, 너의 사랑을 있는 그대로 인정받길 원하지? 이성을 좋아하는 네 감정이 비정상이라느니, 정신병이라느니, 미친 짓이라느니, 변태 짓이라느니, 그렇게 비난받지 않고 말이야. 동성애자를 바라보는 우리도 그래야 하지 않을까?

"다른 사람이 당신을 대해 주기 바라는 대로 그들을 대하라."

오바마 전 미국 대통령이 동성 결혼을 지지하면서 성경을 인용해 한 말이야. 오바마의 얘기는 간단해. 여울이처럼 이성애자에게 누군가 동성애자가 되라고 강요한다면 어떻겠니? 답답하고 싫겠지? 동성애자들이 그런 마음일 수 있다는 거야. 내가 누군가에게 강요받고 싶지 않다면 나도 누군가를 강요해서는 안 돼.

게이(남성 동성애자), 레즈비언(여성 동성애자) 등 성적 소수자들은 무지개를 자신들의 상징물로 삼아. 왜 하필 무지개일까? 빨강, 노랑, 파랑…… 이 중에서 각자 좋아하는 색깔이 다를 수는 있지만, 객관적으로 더 중요하거나 아름다운 색깔은 없어. 파랑과 노랑 가운데 어떤 색이 더 예쁜지를 두고 토론할 수 있을까? 그건 토론의 주제가 될 수 없어. 사람마다 생각이 다르니까.

성경이 보는 동성애

오바마가 동성 결혼을 지지하면서 한 말은 마태복음 9장 2절에 "남에게 대접받고자 하는 대로 남을 대접하라"라는 구절을 인용한 거야. 그런데 기독교인들 중에는 성경을 근거로 동성애를 반대하는 사람이 있어. 레위기 18장 22절 "너는 여자와 동침하는 것과 같이 남자와 동침하지 말라. 이는 가증한 일이니라." 이외에도 신명기 23장 17절, 로마서 1장 27절, 고린도전서 6장 9절, 디모데전서 1장 10절 등 다양한 구절에서 동성애를 부정적으로 묘사하지. 그런데 성 소수자를 포함해서 소수자를 차별하는 게 과연 예수가 말한 사랑일까? 예수의 가장 중요한 가르침은 "네 이웃을 사랑하라"이거든. 현재 성별, 장애, 나이, 병력, 인종, 성적 취향 등을 이유로 합리적 근거 없이 차별하는 것을 금지하는 법률안을 만들었지만, 기독교계의 반대로 통과되지 못하고 있단다.

그렇다면 "동성애를 찬성하냐, 반대하냐" 이 문제는 어떨까? 이것도 토론의 대상이 되기 어려워. 누군가의 존재를 토론 주제로 삼을 수는 없으니까. "나는 당신이 남성인 것에 반대한다", "나는 당신이 여울이 엄마인 것에 반대한다", 어때? 말이 안 되지? 다만 "동성 결혼을 합법화할 것인가?"와 같은 문제를 두고는 토론할 수 있겠지.

실제로 2017년 대통령 선거 토론회에서 한 후보자가 이런 식의 질문을 던졌어.

"동성애에 반대하십니까?"

질문과 토론의 대상이 될 수 없는, 아니 되어서는 안 되는 사안을 유력 정치인이 서슴없이 문제 삼는 모습에서 우리나라의 동성애자들이 처한 현실을 엿볼 수 있었지. 이 정치인과 같은 생각을 하는 유권자가 적지 않으니까 저런 말을 서슴지 않고 할 수 있겠지. 그래서 동성애자들은 자신이 동성애자라고 떳떳하게 말하지 못하는 거야.

일부 나라에서는 동성애를 범죄로 여겨 처벌해. 징역형이나 채찍으로 때리는 태형에 처하지. 예멘, 이란, 수단, 사우디아라비아 등지에서는 사형으로 다스리기도 해.

반면에 네덜란드(2001년)를 시작으로 현재 전 세계의 21개국이 동성 결혼을 합법화했어. 그중 많은 나라가 북유럽과 서유럽에 분포해 있어. 미국은 유럽에서도 보수적이라고 평가받는 스페인(2005년)보다 10년 늦은 2015년 6월에 동성 결혼을 합법화했어.

아직까지 우리나라는 동성 결혼을 인정하고 있지 않아. 그렇다고 동성애 자체를 처벌하는 것도 아니야. 우리나라가 경제 선진국만이 아니라 문화 선진국, 더 나아가 인권 선진국이 되려면 동성애에 관해 중동과 유럽의 입장 중 어느 쪽에 서야 할까?

동성애를 왜 인정해야 하냐고? 동성애가 사회에 무슨 도움이 되기에? 그렇게도 생각할 수 있겠구나. 그런데 말이지, 누군가의 존재를 인정하는 게 꼭 사회에 도움이 돼서는 아니란다. 타인에게 피해를 주지 않는 이상 누구나 행복을 추구할 권리가 있고, 그 권리는 동성애자를 포함한 모든 사람에게 보장되어야 하지.

'무심(無心)하다'라는 단어가 있어. 남의 일에 관심을 두지 않는다는 말이야. 우리에게 필요한 것은 무심이 아닐까? 남의 사랑에 이러쿵저러쿵 참견하는 마음을 거두자는 거야.

지금까지 미국의 CEO들 가운데 동성애자라는 사실을 밝힌 사람은 거의 없어. 그런데 2014년 애플의 최고 경영자 팀 쿡이 스스로 동성애자임을 밝혔지.

"분명하게 말하자면, 나는 내가 동성애자라는 사실이 자랑스럽다. 이는 신이 내게 준 선물 가운데 하나다."

팀 쿡은 동성애자인 덕분에 더 많은 사회적 소수자를 이해할 수 있고, 다양한 감수성으로 세상을 바라볼 수 있다고 했어. 그의 말대로라면 동성애가 사회에 일정 부분 기여한다고도 볼 수 있겠지? 빨강,

노랑, 파랑 등 일곱 빛깔이 어우러진 무지개처럼 우리 사회도 여러 빛깔로 채워질 수 있도록 만들어야 해. 세상에 다양한 빛깔의 사람이 있다는 걸 인정하는 것이 그 첫걸음이겠지?

장애인은 돌아다니면 안 되나?

"한국에는 장애인이 없나요?"

외국인이 우리나라에 오면 특이하게 생각하는 것 중 하나가 장애인이 보이지 않는 거래. 우리나라의 장애인은 몇 명이나 될까? 2016년을 기준으로 등록된 장애인이 251만 명이고, 미등록자까지 포함하면 400만 명이 넘을 것으로 추정되지. 251만 명이면 전체 인구의 5% 수준이야. 인구 대비 장애인 비율을 '장애인 출현율'이라고 부르는데, 우리나라의 장애인 출현율은 OECD 평균인 15%의 1/3에 불과하단다. 미등록자가 많은 건 장애인 등록이 거부되거나 장애인 등록을 하지 않은 사람들이 그만큼 많기 때문이야. 우리 사회가 장애를 인정하는 데 인색하고 지원도 부족하다는 증거이지.

오늘 하루 여울이를 스쳐 지나간 사람이 몇 명이나 될까? 학교, 학원, 편의점, 길거리…… 네가 머물거나 지나친 곳들을 전부 헤아려 보렴. 학교 복도나 길거리에서 스친 사람들까지 다 더하면 200~300명은 족히 될 거야. 그중에 장애인은 몇이나 되니? 아마 거의 없을걸. 엄마도 오늘 하루를 돌아보니 장애인을 거의 못 본 것 같아.

그렇다면 251만 명이나 되는 장애인은 모두 어디에 있을까? 인구의 5%라면 200~300명 중 적어도 10~15명은 길을 가다 만나야 할 텐데 왜 거의 보이지 않을까? 다들 집에 꼭꼭 숨어 있어서 그래. 장애인의 70.5%가 한 달에 5회도 외출하지 못한다는 조사 결과도 있어.

'이동권'이라는 말이 있어. 쉽게 말해 이동할 수 있는 권리를 뜻해. 2003년에 국립국어원 신어(새로 생긴 말) 자료집에 수록된 단어야. 그러니까 그전에는 없던 말이지. 전에는 '이동'을 당연한 권리로 여기지 않았던 거야. 2003년에야 많은 장애인들이 장애인 이동권에 눈을 떴고 비장애인들도 관심을 갖기 시작했어.

세상에는 보이는 턱(물리적 환경)과 보이지 않는 턱이 있어. 편견과 차별이 보이지 않는 턱이지. 장애인을 겹겹이 에워싼 이 턱들 때문에 장애인은 집 밖으로 나오지 못하고 있어.

보이는 턱에 대해 이야기해 볼까? 출입문을 아주 낮게 설치해서 무릎이 안 좋은 노인이나 휠체어를 탄 장애인이 어렵지 않게 승하차할 수 있게 한 버스가 있어. 바로 저상 버스야. 15년 전만 해도 우리나라에는 저상 버스가 한 대도 없었어. 지금은 당연하게 이용하는 저상 버스와 지하철역 엘리베이터는 수많은 장애인들이 힘겹게 싸워서 얻어 낸 거란다. 지하철 선로에 몸을 묶기도 하고 장애인 수백 명이 기

어서 마포 대교를 건너기도 했어. 그들은 거리에서 온몸으로 저항하며 생존을 위해 싸웠어. '어떻게 하면 잘살까'가 아니라 '어떻게 하면 살아남을까'를 고민하는 삶이었지. 그렇게 스스로 저항하지 않았다면 감옥 같았던 그들의 삶은 눈곱만큼도 달라지지 않았을 거야. 이동권이라는 단어가 국립국어원 자료집에 실린 바로 그해 2003년에 저상 버스도 처음 도입되었지.

저상 버스가 도입되었지만 여전히 장애인이 이동하기에는 부족한 실정이야. 저상 버스 보급률이 19% 수준에 불과하거든. 게다가 고속버스·시외버스에는 저상 버스가 한 대도 없어. 영국은 2000년 12월 이후 22석 이상의 버스를 저상 버스로 운행하고 있어. 우리나라에는 장애인 콜택시가 있지만, 지방 자치 단체 70%가 법으로 정한 보유 대수를 채우지 못하고 있지.

'장애인을 위해' 더 많은 저상 버스를 도입해야 할까? 그래야 할 거

엉성하고 허술한 혐오의 근거

앞에서 여성과 관련된 혐오 표현을 집중적으로 다뤘지만, 사실 혐오 표현을 가장 오래, 그리고 지독하게 들어야 했던 이들은 성 소수자와 장애인이었어. 어떤 장애인은 이렇게 말한단다. "장애인 입장에서 혐오는 어느 한때의 경험이라기보다 늘 벌어지는 일상이다." 장애인을 혐오하는 근거는 비정상과 열등함이야. 그런데 장애와 비장애, 정상과 비정상, 우월함과 열등함, 그 둘을 나누는 기준은 상대적이고 모호하단다. 예를 들어 천재 물리학자 아인슈타인의 지능을 정상인의 기준으로 삼는다면 그보다 낮은 대부분의 사람들은 지적 장애인이 될 거야. 혐오의 근거란 게 얼마나 엉성하고 허술한지 알겠지?

야. 그런데 우리는 이 문제를 다른 관점에서 볼 필요가 있어. 우리가 도입해야 할 것은 장애인만을 위한 시설이 아니라 장애인과 비장애인 모두를 위한 시설과 교통수단이야. 이를 '보편적 디자인(Universal Design)'이라고 불러. 보편적 디자인은 누구나 편리하게 이용할 수 있도록 한 디자인이야. 장애인, 임산부, 노약자 등 '남녀노소' 누구나 제약 없이 이용할 수 있지.

보편적 디자인은 장애인 전용 디자인과 달라. 지하철역 계단에 설치된 리프트(lift)는 장애인 전용 디자인이야. 이런 시설은 장애인과 비장애인을 구분 짓고 분리하지. 또 장애를 도드라지게 만들어. 리프트를 이용하려면 역무원의 도움을 받아야 하고, 지나가는 사람들이 던지는 불편한 시선을 감내해야 하거든. 장애인이 바라는 건 타인의 도움이 아니라 도움 없이 혼자 힘으로 하는 거야. 원하지 않는 도움, 받고 싶지 않은 시선으로부터 자유롭게 만드는 디자인이 바로 보편적 디자인이야. 리프트 대신 엘리베이터를 설치하면 돼. 그러면 장애인 말고도 노약자, 임산부 등 많은 이들이 함께 이용할 수 있지.

여울아, 누구나 장애인이 될 수 있단다. 사고든 질병이든 불운한 계기로 말이야.

"저나 여러분이 오늘 집에 돌아가다가 여자(나 남자)가 되거나, 피부색이 바뀔 가능성은 없습니다. 하지만 장애인이 될 가능성은 있죠."

미국에서 부통령을 지낸 앨 고어가 한 말이야. 그런 의미에서 장애인을 위한 편의 시설은 모두에게 열린 시설이라고 할 수 있지.

우리의 주변 환경은 대체로 장애가 없거나, 젊고 건강한 사람들이 생활하기에 알맞도록 설계되어 있어. 2016년 통계청 기준 인구가 5126만 명인데, 그중 장애인 251만 명, 65세 이상 677만 명, 10세 미만 447만 명으로, 합치면 1375만 명이지. 전체 인구의 약 1/3에 해당하니 결코 적은 숫자가 아니야. 발상을 조금만 전환하고 비용을 좀 더 들이면 보편적 디자인을 할 수 있어. 계단 한쪽에 경사로를 설치하면 휠체어나 유모차가 쉽게 이동할 수 있고, 엘리베이터 내부 버튼을 조금 아래쪽에 설치하면 키 작은 어린이들도 무리 없이 누를 수 있지.

지금까지 세상은 특정한 신체 조건과 능력을 표준화해서 그것과 다른 사람을 열성(열등한 성질)이나 비정상, 장애인으로 취급해 왔어.

사회의 표준을 결정해 온 이들이 자신의 신체 조건을 표준화의 척도로 삼았지. 남성, 성인, 비장애인 등이 그런 기준이 됐어.

'특정한 사회 환경이나 제도에 맞지 않는 신체를 가진 사람.' 어떤 장애인이 스스로를 이렇게 표현하더라. 장애는 절대적으로 부족하거나 모자란 게 아니라 특정한 사회 환경에 맞지 않을 뿐이라는 거지.

모두가 한 방향으로 달리면 1등은 언제나 1명뿐이야. 그러나 모두가 다른 방향으로 달리면 누구나 1등이 될 수 있단다. 토끼와 거북이의 경주를 생각해 봐. 육지에서 경주를 벌이면 토끼가 이기겠지만 바다에서라면 다르지. 거북이가 토끼를 앞설 거야.

비장애인과 장애인의 경주도 마찬가지야. 만약 칠흑같이 어두운 미로에서 시각 장애인과 비장애인이 경주를 벌인다면 어떨까? 예전에 엄마랑 '어둠 속의 대화'라는 전시를 보러 갔던 거 기억해? 전시 공간에 빛을 완전히 차단해서 아무것도 볼 수 없었지? 그때 캄캄한 어둠 속을 더듬거리며 네가 그랬잖아? 이런 어둠에서는 시각 장애인이 주변 환경에 더 잘 적응하겠다고.

장애를 장애로만 인식하는 닫힌 사회에서 장애인은 장애인이 되지. 가령 시력이 나빠서 안경을 쓰는 사람은 안경이 없던 시대라면 시각 장애인으로 간주되었을 거야. 그러나 장애를 극복하고 자립할 수 있는 사회라면 장애는 더 이상 장애가 아니게 되지. 특수한 사례일 수 있지만, 베토벤은 귀가 들리지 않는데도 교향곡 9번을 작곡했고, 케

플러는 눈이 잘 보이지 않는데도 별의 법칙을 발견했어.

어쩌면 우리 모두가 장애인일지도 몰라. 장애가 누군가에게 의지하고 폐를 끼치는 상태라면 말이야. 세상에 남에게 전혀 폐를 끼치지 않고 사는 존재는 없지. 나는 너에게, 너는 나에게 서로가 서로에게 기대고 폐를 끼치며 살아가. 어디 그뿐인가? 인간은 지구에, 지구는 태양에 빚지고 있어. 태양이 없으면 지구도 없고, 지구가 없으면 인간도 없지. 그렇게 온 세상이, 아니 온 우주가 서로에게 기대어 존재한단다. 그러니 장애인의 장애를 큰 흠결인 것처럼, 같이 살자는 호소를 특혜를 요구하는 것처럼 여겨서는 안 되겠지.

인간이 사회를 이루며 사는 이유도 여기에 있어. 혼자서도 충분하다면 로빈슨 크루소처럼 무인도에서 혼자 살지, 굳이 사회를 이루고 살 이유가 없잖아? 여럿이 어울려 사는 사회에서 서로가 다름을 인정하고 배려한다면 모두가 행복하게 살 수 있을 거야.

난민을 왜 받아들여야 하지?

여울아, 예전에 엄마가 보여 준 사진 기억하니? 터키 해변가에서 주검으로 발견된 세 살배기 아일란 쿠르디의 사진 말이야. 시리아 난민이었던 쿠르디는 엄마, 아빠, 형과 함께 시리아에서 그리스로 가는 고무보트에 몸을 실었어. 그러나 안타깝게도 보트가 뒤집혀 아빠를 제외한 일가족 모두가 죽음을 맞았지. 2015년 9월, 그 한 장의 사진이 전 세계를 깊은 슬픔에 빠뜨렸단다.

난민이란 이웃집으로 피신 온 사람들이야. 자기 집으로 돌아가고 싶지만 집이 위험해서 돌아갈 수 없는 이들이지. 다른 나라에서 살고 싶어서 일부러 떠난 거 아니냐고? 일부러 난민이 되는 사람은 없어. 갑자기 닥친 어려움 때문에 어쩔 수 없이 난민이 되는 거지. 다른 나라에서 살고 싶다면 이민을 가면 되지, 굳이 난민이 될 이유가 없잖아? 물론 개중에는 이민자의 조건을 갖추지 못해 난민 신청을 하는 경우도 있지만, 이들은 소수에 불과해.

난민은 왜 생기는 걸까? 난민이 발생하는 나라들은 오랫동안 식민 지배를 받았거나, 독재자가 정치 탄압을 해 왔어. 또 내전 등으로 피폐하고 혼란한 상태야. 1951년에 채택된 피난민의 지위에 대한 UN 조약에 따르면, 인종·종족(소수 민족), 종교, 국적, 사회적 신분, 정치적 견해가 다르다는 이유로 본국에서 박해받을 위험에 처한 사람에게 난민 자격을 주고 있어. 난민들을 위해 일하는 UN 난민 기구는 전 세계 난민 수가 6천만 명을 넘는다고 발표했어.(2015년 기준) 우리나라 인구보다 1천만 명이나 더 많지.

우리나라를 찾는 난민 신청자는 해마다 늘어나고 있어. 2016년 한 해에만 7500여 명이 난민 신청을 했어. 우리나라는 난민 인정 비율이 3%에 불과한 '바늘귀 나라'야. 1994년부터 2016년까지 22792명이 난민 신청을 했는데, 그중 난민으로 인정받은 사람은 겨우 672명에 불과하거든. 이는 세계에서 가장 낮은 수준이야. 전 세계 난민 인정 비율이 38% 정도이니까. 2013년 아시아 최초로 난민법을 제정한 나라라는 사실이 낯부끄러울 정도이지.

우리나라에서 난민으로 인정받으려면 넘어야 할 산이 매우 많아. 시간도 무척 오래 걸리지. 해마다 난민 신청자는 늘어나는데 난민 심사를 담당하는 공무원은

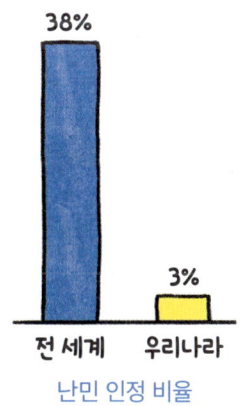

난민 인정 비율
(UN 난민 기구, 법무부, 2016)

턱없이 부족해서 수년째 심사를 기다리는 이들이 허다해.

사람들은 난민을 받아들이면 비용이 많이 든다고 생각해. 교육·보건 서비스에 들어가는 경제적 비용뿐만 아니라 범죄율 증가, 실업률 상승 등에 따르는 사회적 비용까지. 그래서일까? 어린이들에게 "난민은 어떤 사람일까?" 하고 질문하면 거지, 범죄자, 도망자 등의 대답을 많이 한다고 해. 혹시 여울이도 그렇게 생각하니? 이제부터 자세히 설명하겠지만, 이는 근거 없는 편견에 불과하단다.

먼저 경제적 비용. 난민은 단기적으로 교육·보건 서비스의 혜택을 받는 사람이지만 장기적으로 보면 노동을 하고 세금을 낼 사람이야. 특히 저출산이 매우 심각해서 향후 인구 감소가 예상되는 우리 사회에 중요한 밑거름이 될 수 있어. 우리나라의 저출산 문제는 매우 심각해. 출산율을 끌어올리기 어렵다면 난민 정책을 포함한 적극적인 이민 정책을 펼쳐야 하지. 그러니까 난민 1세대가 일시적으로 우리 사회에 부담이 될 수는 있지만, 나중에는 오히려 도움이 될 수 있어.

국가 경제에 도움을 주는 난민

뉴욕 이주 연구 센터에서는 난민이 국가 경제에 미치는 영향에 대해 연구했어. 1987년부터 2016년까지 미국에 정착한 난민을 조사한 결과 난민들의 노동 참여율은 68%에 달했고, 취업률은 64%로, 전체 미국 인구의 취업률보다 1~4% 높았다고 해. 노동 숙련도도 높았지. 난민이 국가 경제에 도움이 되지 않을 거라는 편견과 달리 난민이 새로운 생활에 적응하면 국가 경제에 오히려 도움이 될 수 있다는 걸 구체적으로 보여 준 연구야.

다음으로 사회적 비용. 난민이 들어온다고 범죄율이 증가하는 건 아니야. 난민들은 난민이 되기 전까지 우리와 똑같은 평범한 사람들이었어. 교사, 요리사, 언론인, 과학자 등 하던 일도 다양하지. 그들에게 교육·보건 등 필요한 사회 서비스를 제공하고, 적절한 일자리를 준다면 범죄를 저지를 이유가 전혀 없어.

"흑인은 흑인이다. 특정한 관계 속에서만 그는 노예가 된다."

마르크스가 《임금 노동과 자본》이라는 책에서 한 말이야. 마르크스의 표현을 빌리면, 난민은 난민이야. 난민은 특정한 상황 속에서만 범죄자가 되지. 난민 가운데에는 굉장히 유명한 이들이 많아. 물리학자 알버트 아이슈타인, 작곡가 프레드릭 쇼팽, 정신 분석가 지그문트 프로이트, 사상가 마르크스, 작가 빅토르 위고, 그룹 퀸의 보컬 프레디 머큐리, 철학자 비트겐슈타인, 작가 밀란 쿤데라, 철학자 한나 아렌트, 사진작가 로버트 카파 등이 모두 난민이었어.

난민에 대한 편견은 이주 노동자에게도 고스란히 적용되지. '파퀴'라는 말이 있어. 파키스탄과 바퀴벌레를 합친 말인데, 파키스탄인을 비하하는 혐오 표현이지. 파키스탄처럼 동남아에서 온 사람들을 비하하고 혐오하는 이유는 그들 때문에 일자리가 줄어들고 강력 범죄가 늘어난다는 편견 때문이야. 이게 왜 편견일까? 난민을 포함한 이주 노동자와 우리나라 노동자가 일자리를 두고 경쟁하기도 하지만, 대부분의 이주 노동자는 우리나라 사람들이 꺼리는 3D 업종에서 일해. 3D란 힘들고(Difficult), 더럽고(Dirty), 위험한(Dangerous) 일을 뜻하지.

홍세화 전 난민 인권 센터 이사장은 우리나라 사람에게 'GDP 인종주의'가 있다고 표현했어. 국내 총생산을 뜻하는 GDP는 한 나라의 경제 규모를 보여 주는 대표적인 수치야. GDP 인종주의란 한국보다 GDP가 높은 나라들, 가령 유럽이나 미국 등에서 온 이방인(난민이든 이주 노동자든)에게는 호의적인 반면에 GDP가 낮은 동남아시아나 아프리카 등에서 온 이방인은 비하하고 차별하고 혐오하는 태도를 가리키지.

물론 GDP도 중요하지만, 경제 규모만 가지고 그 나라 사람을 판단하는 게 유치하지 않아? 미국에서 왔다고 모두가 부유한 것도 아니고, 중국에서 왔다고 모두가 가난한 것도 아니잖아? 부동산을 제외한 금융 자산을 100만 달러(우리나라 돈으로 약 11억 5천만 원) 이상 보유한 중국인은 112만 명이나 돼. 우리나라는 20만 명쯤 되니까 중국이 우리나라보다 5배 더 많은 거야.

난민은 일종의 손님이야. 어려운 일을 당해 이웃에게 도움을 청하러 온 손님. 세계 인권 선언 14조는 이렇게 선언하고 있어.

"모든 사람은 박해를 피해 다른 나라에 피난처를 구하고 그곳에 망명할 권리가 있다."

손님을 잘 대접해야 우리도 잘 대접받을 수 있지 않을까? 사실 우리나라는 손님 자격으로 잘 대접받은 적이 여러 번 있단다. 초대 대통령인 이승만 전 대통령과 김대중 전 대통령은 모두 미국으로 망명한 난민이었어. 두 사람 모두 '난민 비자'를 받고 미국에서 망명 생활을 했지. 독립운동가 김구, 안중근 등도 난민이었어. 이렇게 유명한 사람들만 도움을 받은 게 아니야. 65년 전 한국에는 무려 600만 명의 피난민이 발생했어. 바로 전쟁 때문이었지. 그러자 UN은 UN 한국 재건단을 설립해 구호와 원조에 앞장섰어. UN이 공식적으로 난민을 돕자고 결의한 뒤 난민 구호 활동을 벌인 최초의 사례야. 피난민도 난민이냐고? 일반적으로 국경을 넘는 난민이 많지만, UN 난민 기구는 국경을 넘지 않더라도 집을 떠날 수밖에 없다면 난민으로 분류하지. 그러니까 조국을 떠난 사람 말고도 거주지를 벗어난 사람도 난민인 거야.

2011년부터 시작된 내전으로 시리아에서는 무려 530만 명이 난민이 됐어. 2015년, 유럽은 유례없는 난민 위기를 맞았지. 유럽 국가들은 쏟아지는 난민을 적극적으로 받아들이지 않았어. 그때 독일의 메르켈 총리가 나섰지.

"다른 나라들이 문을 닫을 때 우리는 문을 열 것이다."

그 말이 떨어지기 무섭게 100만 명의 난민이 독일로 몰려들었어. 경제 여건과 정치 상황이 다르니 모든 나라가 독일의 예를 따를 수는 없을 거야. 그렇다고 각자의 사정을 이유로 모든 나라가 난민을 거부하면 난민은 영원히 떠돌이가 될 수밖에 없겠지. 메르켈 총리는 이렇게 말했어.

"어려운 사람들을 위해 단합하지 않는 것을 받아들일 수 없습니다. 이는 제가 생각하는 유럽의 모습이 아닙니다."

한 나라의 인권 현실을 가늠할 수 있는 리트머스 종이가 둘 있어. 하나는 난민이나 이주 노동자(그 나라에서 받아들인 난민은 결국 이주 노동자로 살겠지.) 등 타국에서 온 약자들이고, 또 하나는 감옥에 갇힌 재소자들이야. 이들의 인권 수준을 보면 그 나라의 인권 현실을 알 수 있단다. 굳이 인권 문제까지 가지 않더라도 어려울 때 도움을 받았다면 여유가 될 때 갚는 게 사람의 도리 아닐까? 지금 우리 사회는 사람의 도리를 다하고 있을까?

동물에게도 권리가 있을까?

오늘 편지는 겨울이가 좋아하는 외계인 이야기로 시작해 볼까? 엄마가 지어낸 이야기인데 잘 들어 봐. 먼 미래에 외계인이 지구를 침공해. 강력한 무기를 앞세운 외계인은 지구를 정복하고, 지구인을 축사에 가두고 잡아먹지. 붙잡히지 않은 지구인들은 외계인에 맞서 저항해. 어느 날 저항군 지도자와 외계인 지도자가 협상 테이블에 마주 앉지. 지구인의 운명은 이 마지막 협상 테이블에 달려 있어. 지구인들은 저항군 지도자가 외계인 지도자를 설득해 끔찍한 전쟁이 끝나기를 간절히 기도해. 자, 여울이가 저항군 지도자라면 외계인 지도자를 어떻게 설득하겠니?

저항군 지도자는 인간의 존엄성을 들먹이지. 인간이라는 사실만으로도 가치 있고 존귀한 존재라고 설명해. 외계인은 이렇게 되물어.

"인간이 왜 존엄하지?"

그러게, 인간이 존엄한 근거가 뭘까? 아무래도 답변이 궁색할 거야.

인간이 언어를 사용하고 지능이 높아서 다른 동물과 근본적으로 다르다고 말할래? 그래서 인간이 지구의 주인이라고? 그렇다면 외계인은 이렇게 묻겠지.

"돌고래도 언어를 사용한다. 다른 동물에 비해 지능이 높은 건 인정하지만, 그래 봤자 인간의 IQ는 200도 안 된다. 우리는 IQ가 10000이 넘는다. 우리가 볼 때 너희의 지능은 거의 바퀴벌레 수준이다. 그 이유라면 우리가 지구의 주인이 되는 게 맞지 않을까?"

저항군 지도자는 포기하지 않고 재차, 인간을 먹는 것은 반인륜적인 범죄라며 반박해. 반인륜적인 이유는 인간이 고통을 싫어하기 때문이라고 말하면서. 또한 인간은 자신의 앞날을 계획하고 꿈꾸는데 강제로 잡아먹힌다면 삶의 가능성과 미래의 희망이 꺾인다는 점도 함께 설명하지. 이 대목에서 외계인이 수긍하면서 이렇게 말해.

"듣고 보니 그렇다. 우리 외계인도 감정이 있고, 고통을 느낀다. 당신의 이야기에 충분히 공감한다. 당장 식인 행위를 중단하겠다."

저항군 지도자는 생각보다 일이 쉽게 풀리자 매우 반가워해. 마지막으로 두 지도자는 저녁을 함께 먹기로 하고 만찬장으로 이동하지. 외계인 지도자가 저항군 지도자에게 좋아하는 음식을 묻자 저항군 지도자는 소, 돼지 같은 고기를 좋아한다고 말해. 외계인 지도자는 화들짝 놀라며 소나 돼지도 고통을 느끼지 않느냐고 되묻지. 저항군 지도자는 가축도 고통을 느끼지만, 가축과 인간은 엄연히 다르다고 항변해. 뭐가 다르냐는 외계인의 질문에 인간의 지능이 가축보다 우월하다는 이야기를 또 꺼내지. 외계인 지도자는 다시 자신들의 지능이 인간보다 높다며 그 자리에서 저항군 지도자를 잡아먹어 버려.

엄마가 이렇게 외계인 이야기를 길게 한 이유는 동물, 특히 가축이 겪는 고통을 생각해 보자는 뜻에서야. 여울이는 가축이 인간의 입속으로 들어오기 전까지 농장에서 안락한 삶을 누리다가 죽음을 맞는다고 생각하니? 그런 목가적인 농장은 동화 속에나 존재하지. 오늘날 가축은 대부분 축산 공장에서 대량 생산된단다. 그곳에서 길러지는 가축은 단 한 번도 푸른 초원을 달려 보지 못했지. 초원이 있다는 걸 알기나 할지 모르겠구나.

여울이가 닭으로 태어났다고 생각해 볼래? 안타깝지만 태어난 순간이 삶의 최고의 순간일 거야. 일찍 죽는 게 나을까? 맞아, 그게 제일 나을 정도로 고통스럽지. 식용 닭으로 태어나면 그나마 운이 좋은 거야. 산란용* 닭보다 오래 살지 않아도 되니까. 공장식 축산은 가축에게 지옥과 다름없어.

공장식 축산으로 길러지는 병아리들은 태어나자마자 부리가 잘려. 부리 아래에는 말초 신경이 몰려 있어서 잘릴 때 엄청나게 고통스럽지. 사람으로 치면 손톱이 통째로 뽑히는 고통과 같으려나? 그리고

산란용 알을 낳도록 하기 위하여 기르는 짐승.

30×50cm의 케이지에 4마리씩 갇혀 자라. 한 마리당 A4 용지보다 작은 공간에서 평생 날개 한 번 펴 보지 못하고 사는 거야. 태어나서 죽을 때까지 옷장에 갇혀 지낸다고 생각해 봐. 얼마나 답답하겠니? 그 때문에 스트레스를 받아 서로를 마구 쪼고 공격해. 그래서 부리를 자르는 거지. 부리가 없다고 상황이 나아지는 건 아냐. 신경이 극도로 예민해진 닭들은 동족을 잡아먹기까지 해. 야생에서 자라거나 마당에 풀어 키우는 닭들은 절대 그렇게 행동하지 않아. 부자연스러운 환경이 부자연스러운 행동을 낳는 거지.

2016년 겨울, 조류 독감이 발생해 무려 3천만 마리가 넘는 닭들이

살처분을 당했어. 살처분은 병에 걸린 동물을 죽여 처분하는 거야. 조류 독감은 전 세계에서 발생하지만, 피해 규모는 나라마다 달라. 전염병을 미리 차단하는 방역 체계가 다른 것도 이유이지만, 가축을 사육하는 방식이 다른 것도 중요한 이유지. 비좁은 공간에서 장기간 스트레스에 노출된 닭은 면역력이 떨어져 질병에 감염될 확률이 높거든.

우리나라의 닭은 98.5%가 공장식 밀집 사육 방식으로 사육돼. 농장에서 사육하거나 방목하는 경우는 1.5% 수준이야. 이 때문에 2003년 이후 112건의 조류 독감이 발생했어. 농장 방목 사육이 78.4%에 달하는 스웨덴은 같은 기간에 조류 독감이 1건밖에 발생하지 않았어. 2017년 온 나라를 발칵 뒤집은 살충제 계란 역시 공장식 밀집 사육과 관련 있지. 공장식 밀집 사육으로 인해 발생하는 닭 진드기를 죽이려고 사용한 살충제가 원인이었거든.

동물도 고통을 느낄까? 우리 집 막내 다롱이를 떠올리면 금방 알 수 있지. 너희들이 집에 돌아오면 다롱이가 반갑다며 꼬리를 흔들잖아. 아플 때는 사람처럼 시름시름 앓는 소리를 내기도 하고. 다롱이도 인간처럼 감정이 있고 고통을 느끼는 거야. 개나 고양이 말고 우리가 먹는 닭, 소, 돼지 등도 마찬가지야. 사람들은 동물이 지능이 떨어져서 고통에 둔감할 거라고 생각하지만 의외로 많은 동물들이 생각보다 지능이 높아. 그리고 사실 고통과 지능은 별 상관이 없단다. 갓

난아기를 보면 알 수 있지. 성인에 비해 지능이 떨어지지만, 아플 때는 목청이 터져라 울잖아.

우리의 동물 사랑은 이중적이야. 어떤 동물은 마음으로 사랑하고, 어떤 동물은 어금니로 사랑하지. 개와 고양이는 귀여워하지만, 돼지와 소는 잡아먹잖아. 이유가 뭘까? 개가 '반려'견이 되고, 돼지가 삼겹'살'이 되는 필연적인 이유는 없어. 그저 예전부터 그래 왔을 뿐이지. 이들이 모두 고통을 느낀다는 점은 다르지 않은데 말이야. 돼지도 개도 똑같이 고통을 느껴. 애완동물로 키우지 않아서 실감하지 못할 뿐, 돼지는 개보다 IQ가 더 높아. 돼지의 IQ는 개 중에서도 똑똑한 품종으로 알려진 진돗개의 IQ 60보다 높은 75~85야. 예전에 같이 본 〈꼬마 돼지 베이브〉라는 영화 기억나? 이 영화에 출연한 제임스 크롬웰이라는 배우는 영화를 찍으면서 영리한 돼지에 깊이 감명을 받은 이후로 고기를 먹지 않기로 했대.

동물이 인간처럼 고통을 느낀다는 사실은 인정하면서도 인간과 동물은 근본적으로 다르다고 생각하는 사람이 많아. 그들은 인간이 동물보다 더 뛰어나다고 생각해. 그래서 동물을 함부로 대해도 된다고 여기지. 이를 '종 차별주의(speciesism)'라고 부른단다. 종 차별주의는 인간 종과 동물 종을 구분 짓고 동물을 학대하고 착취하는, 즉 차별하는 태도야. 물론 인간과 동물이 똑같지는 않아. 다르기 때문에 다르게 대우할 수 있어. 동물을 학교에 보내지 않고, 동물한테 투표권을 주지도 않지. 그러나 다르게 대한다는 것이 아무렇게나 대하라는 의미는 아니야. 가령 지나가다 길에서 마주친 개를 아무 이유 없이 발로 차도 될까? 대부분의 사람들은 그래서는 안 된다고 생각하지. 그 이유가 바로 동물도 고통을 느끼기 때문 아니겠어?

고통을 느낀다는 점에서 인간과 동물은 다르지 않아. 그러므로 고통에 있어서는 동물도 인간과 똑같이 대해야 해. 비록 가축을 잡아먹더라도, 가축이 당하는 고통을 최소화해야 해. 어차피 죽이는 건 마찬가진데, 그런 게 무슨 의미냐고? 좀 잔인한 가정을 해 볼게. 외계인이 엄마를 잡아먹는데 바로 죽이지 않고 죽이기 전까지 온갖 고문을 가한다고 해 봐. 어차피 죽는 건 마찬가지니까 고문을 당해도 괜찮다고 말할 수 있겠어?

인도의 성자 간디는 이렇게 말했어.

"한 국가의 위대함과 도덕성은 그 나라가 동물을 대하는 방식을 통해 판단할 수 있다. 나는 약한 동물일수록…… 보호받을 권리가 있다고 믿는다."

동물처럼 가장 약한 존재 혹은 사회적 약자가 어떻게 대우받는지를 보면 그 사회의 도덕성을 가늠할 수 있다는 거야. 살처분된 동물 수천만 마리의 다음 차례는 가장 힘없는 사람이 될지도 몰라. 장애인처럼 말이야. 동물을 잔인하게 대하다 보면 언젠가 인간도 잔인하게 대할 수 있기 때문에 동물을 그렇게 대하면 안 되지.

그렇다면 우리가 해야 할 일은 뭘까? 우리에게 고기를 준 가축이 어떻게 살다가 어떻게 죽는지 똑똑히 알아야 해. 즉, 공장식 축산의 민낯을 외면하면 안 돼. 엄청난 육류 소비와 그것이 낳은 공장식 축

산의 관계를 똑바로 봐야 해. 그런 다음 조금이라도 고기를 덜 먹어야겠지. 매일 먹던 것을 이틀이나 삼일에 한 번 먹는 것으로 줄이면 동물들의 고통도 그만큼 줄어들 거야. 일주일에 하루는 날을 정해서 고기를 먹지 않는 것도 좋은 방법이야. 고기반찬이든, 여울이가 좋아하는 햄버거나 치킨이든, 햄처럼 공장에서 만든 가공 식품이든 고기가 들어간 음식은 뭐든 먹지 않는 거지.

우리 집도 일주일에 하루 월요일을 '고기 없는 날'로 정했으면 해. 아, 오늘이 월요일이구나? 오늘 저녁은 고기반찬 없다! 하루 동안 고기를 먹지 않는 일이 사소해 보여도, 이 사소한 노력들이 모이고 모이면 동물과 인간 모두에게 의미 있는 변화를 이끌어 낼 수 있단다. 어때, 여울이도 엄마 뜻에 함께할 거지?

생각 더하기

혐오가 난무하는 사회

 2014년 세월호 유가족들이 광화문 광장에서 단식 농성을 할 때 그 주변에서 피자와 자장면, 핫도그 등을 먹으며 '폭식 투쟁'을 벌인 이들이 있었어. 바로 극우 성향의 인터넷 커뮤니티 일간베스트 회원들이야. 일간베스트를 흔히 '일베'라고 불러. 지역 혐오, 여성 혐오, 인종 혐오, 약자 혐오 등 온갖 혐오들이 일베 사이트를 도배하지.

 사실 일베는 예외적 현상이 아니란다. 우리가 눈치채지 못하거나 인정하지 않을 뿐, 우리 사회 도처가 일베나 다름 없어. 사회적 약자들에 대한 혐오와 차별이 난무하는 이곳이 일베가 아니라면 무엇일까? 세상이 많이 변한 것 같지만, 자세히 들여다보면 별로 변한 게 없

극우란?

극우는 극단적인 보수주의와 국수주의를 두 축으로 한 집단이야. 보수주의는 급격한 사회 변화를 반대하고 기존의 질서와 가치를 지키려는 사고방식이지. 국수주의는 자국의 역사·전통·문화·정치 등을 가장 뛰어난 것으로 여기고 다른 나라나 민족을 배척하는 태도나 경향을 뜻해. 가령 독일에서 히틀러를 찬양하는 이들이나 일본에서 식민 지배를 부정하고 독도 영유권을 주장하는 이들이 이에 해당해.

어. 특히 변화와 진보를 간절히 바라는 사람들의 입장에서 세상은 느리고 변덕스럽게 변하지. 잘 바뀌지 않는 것도 많고, 이미 바뀐 것들조차 너무 쉽게 원래 상태로 돌아가기도 해.

예를 들어 볼게. 국립국어원의 표준국어대사전에서 '사랑'이라는 단어를 찾아보자. 사랑의 네 번째 뜻풀이는 '남녀 간에 그리워하거나 좋아하는 마음. 또는 그런 일'이야. 뜻풀이 어디에도 동성애가 끼어들 틈이 없지. 그런데 이 뜻풀이는 2012년부터 2014년까지는 이랬어. '어떤 상대의 매력에 끌려 열렬히 그리워하거나 좋아하는 마음, 또는 그런 일.' 또 연애는 '연인 관계인 두 사람이 서로 그리워하고 사랑함'으로, 애정은 '애인을 간절히 그리워하는 마음'으로 되어 있었어. 이런 뜻풀이는 사랑하는 사이를 이성으로 한정하지 않지.

그런데 2014년에 갑자기 사랑의 뜻풀이가 '남녀'에 국한된 것으로 바뀌었어. 정리하자면, 원래는 '남녀 간'이었는데 2012년 11월에 '어떤 상대'로 바뀌었다가 다시 2014년에 '남녀 간'으로 되돌아간 거야. 중간에 무슨 일이 있었던 걸까? 기독교계 등 일부에서 '어떤 상대'로 시작하는 사랑의 뜻풀이가 동성애를 옹호한다며 강하게 반발했지. 문제 제기가 잇따르자 국립국어원은 사랑, 연애, 애정 등 3개 단어의 행위 주체를 '남녀'로 되돌려 놓았어.

'사랑'의 뜻풀이를 둘러싼 국립국어원의 갈지자 행보는 느리고 변덕스러운 세상의 변화를 잘 보여 주지. 세상이 앞으로 나아가길 바라는 사람들 입장에서는 답답하고 실망스러운 행보가 아닐 수 없어. 그러나 역사를 길게 보면 실망할 일이 아니야. 세상은 전진할 때도 있고 후퇴할 때도 있지만, 크게 보면 결국 전진하니까. 겨울에서 봄으로 넘어갈 때 얼음이 얼었다 녹았다를 반복하지만 결국은 따스한 봄이 오듯이 말이야.

언젠가는 편견의 빙벽이 녹아내릴 날이 오겠지. 우리가 할 일은 거대한 얼음벽 앞에서 작은 촛불을 하나씩 드는 거야. 공감의 촛불을, 연대의 촛불을. 작은 촛불이 손끝을 녹이고, 어둠을 지우며, 끝내는 얼음벽마저 녹일 테니까.

마지막 편지

여울아, 네가 태어난 순간부터 엄마에게는 기적 같은 날들이 이어지고 있단다. 갓 태어난 네 눈이 얼마나 크던지, 보는 사람마다 신기해했지. 세상을 향한 호기심이 가득한 눈이었어.

널 키우면서 참 미안한 날도 많았어. 옷을 갈아입히다 네 작은 뺨에 상처를 냈을 때는 마치 내 얼굴을 다친 것처럼 아프고 쓰렸단다. 엄마도 엄마가 처음이라서 많이 서툴고 부족했던 것 같아.

처음 널 심하게 다그쳤던 날도 생각나는구나. 그날 엄마는 잠을 이루지 못했어. 함민복 시인이 〈가을〉이라는 시에서 '당신 생각을 켜 놓은 채 잠이 들었습니다'라고 썼는데, 그날 엄마가 그랬던 것 같아. 시에서는 그리움에 사무쳐 잠들었다고 했지만, 엄마는 네게 너무 미안하고 후회스러워서 밤새 뒤척이다 새벽 늦게야 겨우 눈을 붙였어. 그런데 잠결에도 그 일이 마음에 쓰여서 자도 잔 것 같지가 않더구나. 아침에 일어나니 머릿속이 멍했지.

네가 조그만 입을 열어 '(음)마'라고 했을 때의 감격을 아직도 잊을 수가 없구나. 그 후 낱말을 하나둘 주워 먹던 네가 어느 순간 말들을 쏟아냈지. 꼭 수도꼭지에서 물이 콸콸 쏟아지는 것 같았어. 하루 종일 종알대는 모습이 너무 신기해서 녹음기로 네 목소리를 녹음한 적도 있단다.

나중에 녹음한 내용을 들어 보니까 네가 가장 많이 쓴 낱말이 '엄마'였어. 네게는 내가 그만큼 소중했던 거겠지. 엄마도 마찬가지야. 엄마에게 이 세상에서 가장 소중한 것은 여울이랑 겨울이란다.

'엄마' 다음으로 네가 많이 한 말이 뭔 줄 아니? '이건 뭐야?'와 '그건 왜 그래?'였어. 넌 뭐든 궁금해했으니까.

'엄마, 하늘은 왜 파래?'

'엄마, 매미는 왜 울어?'

'엄마, 바람은 왜 불어?'

'엄마, 별들은 낮에 어디에 있어?'

'엄마, 예쁜 거랑 아름다운 거는 뭐가 달라?'

그런데 어느 날부터인가 네 입에서 '왜?'라는 말이 사라져 가더구나. 내 잘못일까? 바쁘다는 핑계로, 나도 잘 모른다는 이유로 너의 질문에 건성으로 대답하지는 않았는지……. 지나가 버린 그 시간들이 후회로 남는구나. 모르면 같이 알아보면 됐을 텐데…….

질문이 줄어든 만큼 세상에 대한 관심과 호기심도 줄었으면 어쩌나 걱정이 돼. 엄마는 네가 다시 '왜'를 찾았으면 좋겠어. 특히 너의 권리와 사회적 소수자나 약자의 권리에 대해서는 더더욱 '왜'라고 물어야 해.

여울아, 앞으로 살아가면서 숱한 벽과 선을 만나게 될 거야. 성별, 학벌, 직업, 직급, 직위 등 사회에 그어진 무수한 선들이 네 말과 행동을 제한할지 몰라.

고모가 일하는 대학 병원은 식당이 일반 직원용과 관리자(교수 및 수간호사)용으로 구분되어 있대. 직위에 따라 밥 먹는 공간을 분리한 거야. 공간뿐만 아니라 나오는 반찬도 조금씩 다르대. 신분제 사회에

나 있을 법한 일이 현실에서도 버젓이 일어나는 거야. 그래서 고모는 밥 먹으러 갈 때마다 타임머신을 타고 조선 시대로 돌아가는 느낌이래. 이런 부당한 현실에 맞닥뜨렸을 때는 분노해야 해. 그리고 어떻게 하면 이런 현실을 바꿀 수 있을까를 고민해야 하지.

   분노는 혐오와 다르단다. 혐오는 약자를 낙인 찍고 배제하는 감정이야. 혐오가 아래로 흐른다면 분노는 위를 향해. 잘못된 제도와 관행, 문화, 사고방식 등 강자의 기득권을 겨냥하지. 철학자 아리스토텔레스는 "분노해야 할 때 분노하지 않는 사람들은 바보"라고 했어. 부당한 차별과 모욕에 대해서 침묵하는 것은 자존감을, 달리 말하면 자

기 자신을 내버리는 것과 다르지 않단다.

나의 권리에 대해 적극적으로 고민하고 분노하는 것은 당연한데, 왜 사회적 소수자에게까지 그래야 하냐고? 지난번에도 비슷한 질문을 했었지. 사회적 소수자가 아닌 사람이 왜 소수자의 처지를 고민해야 하는지 말이야. 그때는 엄마가 대충 얼버무렸지. 그런데 며칠 전에 어떤 시를 읽다가 문득 적당한 대답을 찾았어.

여울아, 몸의 중심은 어디일까? 머리? 심장? 아니야, 박노해 시인이 쓴 시 〈나 거기 서 있다〉에서 보듯, 몸이 아플 때는 아픈 곳이 몸의 중심이란다. 손가락에 작은 가시 하나만 박혀도 신경이 온통 그곳에 집중되잖니? 그러니까 아픈 곳이 몸의 중심 아니겠어? 병들거나 다쳤을 때 왜 고통이 따라올까? 그래야만 아픈 곳을 신경 쓸 테니까. 아픈 곳을 신경 써서 잘 돌봐야 건강할 수 있거든.

마찬가지로 가족의 중심은 엄마나 아빠가 아니라 아프고 약한 사람이지. 가족 중 한 명이 아프면 가족의 모든 관심과 시간이 그 사람에게로 쏠리잖아. 여울아, 그렇다면 사회의 중심은 어디일까? 국회? 청와대? 역시 아니야. 아픈 곳, 아픈 사람들이 있는 곳이 사회의 중심이지. 몸의 아픈 곳을 잘 살펴야 사람이 건강하게 살 수 있듯이, 사회의 아픈 곳을 잘 챙겨야 사회가 건강하게 돌아간단다.

간디는 이런 말을 남겼어. "The Last, The First." 가장 마지막에 놓인 사람 즉 가장 약한 사람을 가장 먼저 살펴야 한다는 뜻이야. 사회적 약자나 소수자가 사람답게 살도록 거들면 나머지 사람들은 훨씬 더 사람답게 살 수 있어. 우리가 그들의 문제에 '왜'라는 질문을 던져야 하는 이유야.

또 한 가지 잊지 말아야 할 사실은 누구나 아플 수 있다는 점이야. 일터에서 쫓겨나 거리에서 싸우는 사람들, 고속버스를 타게 해 달라고 아우성치는 장애인들, 정신병자라며 비난받는 동성애자들, 그들은 우리와 전혀 다른 사람들일까? 그렇지 않아. 언제든 우리의 모습이 될 수 있단다.

당장 내 발등에 떨어진 문제가 아니어도, 언젠가 내 문제가 될 수 있다는 생각을 가져야 해. 그 생각이 나를 바꾸고 너를 바꾸며, 우리를 바꾼단다. 우리가 바뀌어야 세상도 바뀔 수 있어. 우리가 모여 세상을 이루니까.

인용 도서

- 돼지책, 앤서니 브라운, 웅진주니어, 2009년
- 82년생 김지영, 조남주, 민음사, 2016년
- 죽은 왕녀를 위한 파반느, 박민규, 예담, 2009년
- 일탈의 미학, 사회주의에서의 인간의 영혼, 오스카 와일드, 한길사, 2008년
- 변신, 프란츠 카프카, 민음사, 1998년
- 김수영 전집1, 어느 날 고궁을 나오면서, 김수영, 이영준(엮음), 민음사, 2018년
- 칼 맑스 프리드리히 엥겔스 저작 선집 1, 임금 노동과 자본, 칼 맑스 외, 박종철출판사, 1997년
- 모든 경계에는 꽃이 핀다, 가을, 함민복, 창비, 1996년
- 그러니 그대 사라지지 말아라, 나 거기 서 있다, 박노해, 느린걸음, 2010년